© ZS Verlag GmbH
München
1. Auflage 2015
ISBN 978-3-89883-489-6

Grafische Gestaltung	Irene Schulz
Cover und Foodfotografie	Veronika Pachala
Fotostyling	Veronika Pachala, Anni Kazymir
Porträtfoto Vorwort	Veronika Pachala
Porträtfotos Kapitelaufmacher	Irene Neumann Fotografie
Rezepte & Texte	Veronika Pachala
Redaktion	Alexandra Gudzent, Ulrike Kraus, Kathrin Gritschneder
Herstellung & Lithografie	Jan Russok, Peter Karg-Cordes
Druck & Bindung	Mohn Media Mohndruck GmbH, Gütersloh

Beim Druck dieses Buchs wurde durch den innovativen Einsatz der Kraft-Wärme-Kopplung im Vergleich zum herkömmlichen Energieeinsatz bis zu 52% weniger CO2 emittiert.

Besuchen Sie uns auch im Internet unter www.zsverlag.de und
auf Facebook unter www.facebook.com/zsverlag

GESUND KOCHEN
ist Liebe

von Veronika Pachala

Inhaltsverzeichnis

Genuss für Körper und Seele

Ernährung war für mich lange Zeit ein schwieriges Thema: Ich liebe schmackhaftes Essen, doch was das mit meinem Körper „machte", gefiel mir nicht immer. Ich versuchte mich an Diäten, nur durchhalten konnte ich sie nicht. Dann trat meine Tochter Claire in mein Leben ...

... und es änderte sich erstmalig meine Sichtweise: Ich legte den Fokus von dem, was ich laut Diäten nicht essen sollte, auf das, was ich am Tag „Positives" zu mir nahm, damit Claire in der Schwangerschaft und Stillzeit versorgt war. Zu dieser Zeit hatte ich noch kein Repertoire an Lebensmitteln und Gerichten, die Ungesundes für mich ersetzen konnten. Schließlich wurden bei Claire im ersten Lebensjahr Unverträglichkeiten gegen Kuhmilchprodukte, Geschmacks-, Farb- und Konservierungsstoffe festgestellt, eine Weizenunverträglichkeit wurde vermutet. Ich begann mich nach Alternativen umzusehen. Zeitnah verweigerte Claire das Essen fast komplett und mir als Mutter brach es das Herz, dabei zuzusehen. Ihre Kinderärztin empfahl mir, Claire für die wenigen Happen, die sie aß, besonders nährstoffreiche Lebensmittel anzubieten.

So begann meine Liebesgeschichte zu nährstoffreichen Zutaten, die mich in meiner Sorge als Mutter und meinem Bedürfnis nach dem eigenen Wohlgefühl auffangen. Ich las mich in das Thema ein, experimentierte in der Küche – und plötzlich wurde die Menge auf dem Teller irrelevant! Für Claire reichten schon sehr kleine Portionen, um sie zu versorgen, und ich konnte ganz frei von schlechtem Gewissen genießen.

Mir wurde zudem wichtig, dass es bei Tisch keine Unterscheidung zwischen „gut" und „schlecht" gibt, sodass Claire trotz ihres zarten Alters also auch Desserts ungehemmt mitessen durfte. Da ich ihr noch keinen Haushaltszucker anbieten wollte, stellte ich unsere Ernährung auf natürliche Süßungsmittel um. Ich begann mit der Süße aus frischem Obst, Datteln und Ahornsirup zu experimentieren und war hin und weg von den Ergebnissen. Ich verwendete anderes Mehl, andere Fette und hob das gesundheitliche Niveau der Gerichte auf ein Maximum. Es eröffnete sich eine völlig neue Welt – auch Süßspeisen können tatsächlich gesund sein! Inzwischen verwende ich diverse natürliche Süßungsmittel, die anders als gewöhnlicher Zucker nicht so „süchtig" machen. Zeitgleich kommen Rezepte dadurch mit viel weniger Süße aus, als man es von Backwaren mit raffiniertem Zucker kennt. Und natürliche Süßungsmittel bringen wunderbare Aromen mit.

Aus eher praktischen Gründen reduzierte ich zunächst den Fettanteil in meinen Rezepten, denn gute Öle sind teuer. So kam eines zum anderen und weil ich tolle Alternativen zu üblichen kuhmilch- und weizenreichen Lebensmitteln fand, verschwanden die Unverträglichkeiten meiner Tochter mit der Zeit. Ich selbst konnte Frieden mit meiner jahrelangen Suche nach einer Ernährungsweise schließen, hinter der ich voll stehe und nach der ich auch tatsächlich leben kann. Ich habe 13 Kilo verloren, die ich zuvor nie los- wurde, ich fühle mich fitter und meine Familie und ich sind seltener krank. Dieser neue Lebensstil tut uns unheimlich gut!

Es gibt kein Gericht, das sich nicht auch auf gesunde Weise zubereiten lässt, und das, ohne dabei auf Genuss verzichten zu müssen. Im Gegenteil, nun ist es wirklicher Genuss – für den Körper und die Seele!

Oft wurde ich darauf angesprochen, wie es zu den positiven Veränderungen bei uns kam – also stellte ich meine Erfahrungen, mein Wissen und meine Rezepte auf meinem Blog (www.carrotsforclaire.com) ins Internet. Der Erfolg war und ist überwältigend. Besonders berühren mich die vielen E-Mails und Kommentare der Leser. Es ist toll, meine Begeisterung weiterzugeben. Dass es dieses Buch gibt, habe ich meinen Lesern zu verdanken. Es ist für Euch, für Claire und für mich. Denn alles Gute beginnt mit Liebe und Anerkennung für sich selbst.

Der Inhalt meines Vorratsschranks hat sich mit den Jahren stark gewandelt. Damit sich die Rezepte auch mit kleinerer Zutatenvielfalt und bei Nussunverträglichkeit oder veganem Anspruch zubereiten lassen, nenne ich im Buch oft Alternativen für Zutaten. Ebenso kann der individuelle Süßanspruch von jedem Einzelnen variieren. Ich möchte Mut machen, auszuprobieren und die liebsten Lebensmittel für sich zu entdecken. Und ganz sicher werdet auch Ihr Euch in ein paar Monaten mit ganz anderen Zutaten in der Küche wiederfinden.

GESUNDER, LUSTVOLLER GENUSS IST SO ANSTECKEND!

Sesam, öffne dich!

Es macht so viel Freude zu sehen, mit welcher Selbstverständlichkeit meine Tochter, mein Mann und ich heute Lebensmittel genießen, die uns vor einigen Jahren noch völlig unbekannt waren! Diese Entwicklung hat sich mit der Zeit ergeben. Die Zutaten in diesem Buch sind alltagserprobt, ich schätze sie für ihre Aromen, Eigenschaften und Nährwerte. Sie sind in Super- und Drogeriemärkten, Bio-Läden und Reformhäusern erhältlich. Neu entdeckte gesunde Lebensmittel sind ein Gewinn. Es lohnt sich viel auszuprobieren und zu experimentieren.

Mein Vorratsschrank beinhaltet Nüsse, Samen, Kerne, Hülsenfrüchte, Getreide- und Pseudogetreidesorten sowie Fette, natürliche Süßungsmittel, Superfoods und einige weitere Bereicherungen für eine gesunde Küche, die reich an natürlichen Aromen ist. Auch das Thema tierische Produkte liegt mir am Herzen.

Mit rein biologischen Zutaten zu kochen, ist empfehlenswert, keine Frage. Sich nicht voll biologisch, aber dennoch reich an gesunden Zutaten zu ernähren, ist ebenso eine gute Wahl, wenn es der Kostenfaktor nicht anders ermöglicht. Wichtig ist es, besonderen Wert auf Bio-Qualität bei tierischen Produkten und Fetten zu legen. Fette z.B. sind dafür bekannt, Pestizide aufzunehmen. Wenn ich im Alltag auf „fabrikgemachte" Lebensmittel wie Bohnen aus der Dose, Tomatensauce aus dem Glas, Käse oder Snacks zurückgreife, achte ich hier ebenfalls besonders auf die Zutatenliste. Biologische Produkte schließen künstliche Aromastoffe aus, Zucker ist aber dennoch oft enthalten.

Nüsse und Samen bringen unheimlich spannende Aromen mit in die gesunde Küche. Außerdem liefern sie wichtige Fette, Eiweiße, Kohlenhydrate, Vitamine, Mineralien, Ballaststoffe sowie spezielle Inhaltsstoffe wie hochwertige ungesättigte Fettsäuren, Phytosterine und sekundäre Pflanzenstoffe.
Am besten ist es, Nüsse und Samen ungesüßt und ungesalzen zu kaufen und sie bei Bedarf selbst zu rösten. Ich liebe sie im Frühstück, Salat oder Dessert, in Gebäck oder Snacks. Besonders spannend ist es, Milchersatz aus Nüssen selbst zu machen (s. S. 20). Aus Nüssen, Samen und Kernen hergestelltes Mus schmeckt köstlich, ist vielseitig einsetzbar und eignet sich auch als Butterersatz. Dafür die Nüsse, Samen und Kerne erst ggf. rösten, dann mehrere Minuten mit dem Food Processor zu Mus mahlen (siehe Nuss-Nougat-Creme-Torte S. 112). Wichtig: Für Kleinkinder können Nüsse und Mandeln ungünstig sein (Erstickungsgefahr, Allergien), weshalb ich mit Alternativen wie Hanfsamen, Sesam, Sonnen- oder Kürbiskernen und Erdmandeln variiere und in den Rezepten wo immer möglich Alternativen für Allergiker (auch für Erwachsene) anbiete.

Erdmandeln sind botanisch gesehen die Wurzelknollen eines Grases mit mandelähnlichem Geschmack. Dank ihres hohen Ballaststoffanteils sättigen sie anhaltend und kurbeln die Verdauung an. Daneben enthalten sie wichtige Vitamine, Mineral- und sekundäre Pflanzenstoffe, die unter anderem als Nervennahrung dienen, bei Neurodermitis, Bluthochdruck und Entzündungen helfen.

Bohnen, Linsen und Erbsen ergänzen eine ausgewogene Ernährung vor allem mit Eiweiß, B-Vitaminen, Mineralstoffen (Kalium, Magnesium) und Spurenelementen (Eisen), dabei liefern sie nur wenig Fett. Sie enthalten reichlich Ballaststoffe und sättigen lange. Außerdem schmecken sie toll!
Zuckererbsen kann man roh essen, alle anderen Sorten müssen vorher (ohne Salz) gegart werden, um das giftige Phasin unschädlich zu machen. Getrocknete Bohnen vor dem Kochen einweichen, damit sie das beim Trocknen verlorene Wasser wieder aufnehmen. Im Schnellkochtopf benötigen Bohnen etwa 20 Minuten Garzeit, im normalen Topf 1 bis 3 Stunden. Linsen bekommt man meist geschält im Handel, daher garen sie auch ohne Einweichen rasch. Ich entscheide mich gerne für ein Linsengericht, wenn es schnell gehen soll und ich kein eingeweichtes Getreide parat habe. Gegart lassen sich Hülsenfrüchte übrigens auch prima einfrieren. Auch Bohnen aus der Dose (ohne Zusatz von Aromen) sind ideal in der Blitzküche: Einfach auf einem Sieb abbrausen oder am besten einmal aufkochen – dann schmecken sie frischer.

Reis, Getreide & Co.

Polierter Reis und weißes Auszugsmehl aus Weizen sind Standardzutaten in unseren Köpfen und Küchen – doch sie werden nicht von allen gut vertragen. Manch einer fühlt sich nach dem Verzehr schlapp und nur kurzfristig satt, oft eher übervoll oder „gebläht". Noch dazu haben weißer Reis und weißes Mehl gesundheitlich nicht mehr viel zu bieten.
Die gute Nachricht: Es gibt wunderbare Alternativen! Zahlreiche Getreide- und Pseudogetreidesorten eröffnen einen völlig neuen Horizont, mitunter bieten sie sogar ein ganz neues Lebensgefühl. Sie lassen sich vielfältig in der Küche einsetzen, liefern Schätze für unseren Körper und wir fühlen uns nach ihrem Verzehr sensationell. Noch dazu sättigen sie meist lang anhaltend.
Die auf den nächsten Seiten vorgestellten Zutaten sind vielfach in Form von ganzen Körnern, Flocken, Pops oder als Mehl erhältlich.

Nicht nur hinsichtlich des Nährstoffkontos ist es bereichernd, verschiedene Mehlsorten zu mischen – auch geschmacklich ergänzen sich die Getreidesorten hervorragend. Wenn möglich, sollten besonders hartschalige Getreidekörner (z.B. Weizen, Dinkel, Naturreis) vor der Zubereitung einige Stunden oder über Nacht in Wasser eingeweicht und dann in frischem Wasser gekocht werden. So wird der natürliche Gehalt an Phytinsäure verringert, der ansonsten die Aufnahme von Nährstoffen im Verdauungstrakt behindern kann. Wenn es zudem die Möglichkeit gibt, Getreidekörner selbst zu Mehl zu vermahlen, ist auch das ein Gewinn.
Ich koche Getreide immer gleich für zwei Tage im Voraus und bereite daraus dann unterschiedliche Gerichte zu. Gut verschlossen und im Kühlschrank aufbewahrt hält es sich über diese Zeit frisch. Gekocht lässt sich Getreide übrigens auch gut einfrieren.

Getreide & Pseudogetreide

Quinoa zählt wie Amarant und Buchweizen zu den uralten, glutenfreien Pseudogetreiden. Sie ist entfernt verwandt mit Roter Bete und Spinat. Das Superfood wurde bereits von den Inka geschätzt. Quinoa ist eine gute Eiweißquelle. Daneben liefert sie Vitamine und Mineralstoffe wie Magnesium, Zink, Kalzium, Phosphor, Kupfer und Mangan. Wer sich vegetarisch ernährt, unter Migräne leidet, viel Sport treibt, sich oft schlapp fühlt oder abnehmen möchte, wird besonders angetan sein – die Körner sind phänomenal! Weiße, rote und schwarze Quinoa vor der Verarbeitung heiß waschen, um Bitterstoffe zu entfernen. Kindern unter zwei Jahren rät die Deutsche Gesellschaft für Ernährung von Quinoa (und Amarant) aufgrund dieser Stoffe ab. Da Quinoa aus Südamerika stammt, am besten Ware aus fairem Handel kaufen.

Dinkel lässt sich wie Weizen – sein naher Verwandter – einsetzen. Dinkelmehl (die geschälten Varianten Type 630 oder Type 1050) ist geschmacklich nicht oder nur kaum von Weizenmehl zu unterscheiden und somit ideal, um sich an alternative Mehl- oder Pastasorten heranzutasten. Im Vergleich zu Weizen punktet Dinkel mit einem höheren Mineralstoff-, Vitamin- und Nährstoffanteil und einer besseren Verträglichkeit. Er enthält zwar mehr Klebereiweiß (Gluten), aber in einer anderen Zusammensetzung und lässt sich deshalb leichter verdauen als Weizen. Das volle Korn soll Gehirn, Nerven, Haut, Nägel und Haare stärken und regt den Stoffwechsel an. Ur-Dinkel ist eine alte, nicht mit Weizen gekreuzte Dinkelsorte, aber leider oft schwer erhältlich. Wichtig: Dinkelgebäck kann einen Tag früher trocken werden als Weizenmehlgebäck. Wer an einer Dinkelallergie leidet, kann übrigens oft auf alte Weizensorten wie Kamut, Emmer und Einkorn zurückgreifen.

Gerste enthält neben Eiweiß, Vitaminen und Mineralstoffen nennenswerte Mengen am Spurenelement Silizium. Letzteres ist Bestandteil von Kieselsäure, die für gesunde Haare und Nägel verantwortlich ist. Nacktgerste muss nach der Ernte nicht geschält werden, besitzt damit noch den vollen Keim und ist vollwertig. Ich schätze aber auch Gerstengraupen (rund geschliffene Gerste, Rollgerste) oder entspelzte Gerste (nur von der äußeren Schale befreit), da beide bei Verdauungsbeschwerden verträglicher sind.

Grünkern ist früher geernteter, bei hohen Temperaturen (teilweise über Feuer) getrockneter Dinkel. Sein Name rührt von der grünen Farbe der noch unreif geernteten Getreidekörner. Grünkern schmeckt aromatischer, ist noch leichter verdaulich und auch die Nährstoffe sind noch besser verfügbar als beim Ausgangsprodukt. Ich liebe Grünkern – vor allem für pikante Bratlinge oder als Beilage zum Salat!

Teff ist eine Hirseart aus Äthiopien und gilt als glutenfreies Superfood. Das Getreide ist reich an B-Vitaminen, Kalzium und Eisen. Da es noch alle Schalenbestandteile enthält, sättigt es gut und spendet lang anhaltende Energie. Außerdem stärkt es Immunsystem, Gehirn und Nerven und punktet mit einem hohen Proteingehalt. Teff schmeckt mild. Das Mehl lässt sich als glutenfreie Alternative allen Teigen zu bis zu 30 Prozent untermischen. Ich verwende Teffmehl, wenn ich unbemerkt einen Vollkornanteil erzielen und Nährstoffe und Sättigung steigern möchte.

Buchweizen ist verwandt mit Rhabarber und zählt zu den Knöterichgewächsen. Als Pseudogetreide enthält er ebenfalls kein Gluten. Buchweizen deckt den Eisenbedarf auf ideale Weise und liefert außerdem nennenswerte Mengen an den Mineralstoffen Magnesium, Kalium und Kalzium sowie den Vitaminen B_1, B_2 und E. Das ganze Korn ist reich an Ballaststoffen und damit gut für Blutzuckerspiegel und Verdauung, es spendet lang anhaltende Energie. Buchweizen wirkt nach der Lehre der Traditionellen Chinesischen Medizin wärmend. Sein Inhaltsstoff Rutin kann den Blutdruck senken. Der Geschmack ist nussig und toll für süße und salzige Gerichte.

Amarant zählte zu den Grundnahrungsmitteln der alten Inka. Sein botanischer Name kommt aus dem Altgriechischen und bedeutet so viel wie „Unsterblichkeit" – kein schlechtes Omen! Das Pseudogetreide wird heute vereinzelt auch hierzulande angebaut. Amarant enthält viel Lysin, eine Aminosäure, die in den bei uns üblichen Getreidesorten selten vorkommt. Der hohe Lysingehalt macht ihn vor allem für Vegetarier und Sportler wertvoll. Daneben sind Kalzium, Magnesium, Zink und Eisen in hoher Dichte enthalten und dabei vom menschlichen Körper besonders gut verwertbar. Die Konsistenz der gekochten Körner ist klebrig, der Geschmack erdig-nussig und zunächst vielleicht fremd. Richtig kombiniert schmecken die kleinen Powerkörner aber unglaublich gut! Lässt man Amarant – wie auch Quinoa oder Mais – durch Druck und Wärme aufplatzen, entstehen Pops daraus (siehe im Glas oben). Auch als Mehl ist Amarant gut als glutenfreie Alternative einsetzbar.

Hirse schmeckt fantastisch – egal, ob salzig oder süß zubereitet. Das Getreide dient der Menschheit seit Langem als sättigendes Nahrungsmittel. Hirse ist das mineralstoffreichste Getreide und enthält besonders viel Eisen, Magnesium und Kieselsäure (Silizium). Damit das Eisen aus der Pflanze effektiv vom Körper aufgenommen werden kann, am besten mit Vitamin-C-haltigen Beilagen kombinieren oder mit Zitronensaft beträufeln. In der Küche punktet Hirse außerdem mit einer besonders kurzen Kochzeit. Hirseflocken (hier oben im Glas) schätze ich ebenfalls sehr, besonders für schnellen Porridge.

Fette & Süßungsmittel

Fette sind lebenswichtig, sie transportieren Aromastoffe und fettlösliche Vitamine und sind Energielieferanten. Wird Fett zu hoch erhitzt oder bei zu langer Lagerung ranzig, können schädliche Verbindungen entstehen. Die meisten Öle aus Nüssen und Samen verwende ich daher lieber in ganzer statt in gepresster Form. Bei Ölen und fetthaltigen Lebensmitteln gibt es große Unterschiede bei der Qualität, deswegen empfehle ich Bio-Produkte.

Natives Kokosöl wird aus der nährstoffreichen Kokosnuss kaltgepresst, ist bei Körpertemperatur flüssig und eignet sich zum Backen und Braten. Es hat positiven Einfluss auf den Fettstoffwechsel – dafür sorgt vor allem die überwiegend vorhandene mittelkettige Laurinsäure. Ketone begünstigen die geistige Entwicklung. Da das Kokosaroma nicht überall stimmig ist, empfehle ich das geruchs- und geschmacksfreie milde Kokosöl (mildes Kokosfett). Wer gerne Butter verwendet, kann in meinen Backrezepten das Kokosöl durch sie ersetzen. Zum Braten empfehle ich dann Ghee (ayurvedisches Butterschmalz).

Extra natives Olivenöl verwende ich für Salate und zum Garen. Ich wähle am liebsten Sorten mit mild schmeckenden Oliven. Für den gesundheitlichen Wert ist die Qualität sehr relevant. Olivenöl nur vorsichtig erhitzen. Öl darf nie blubbernd kochen oder dampfen, danach sollte es entsorgt werden.

Natives Avocadoöl wird aus Avocadofruchtfleisch gewonnen und enthält Vitamine und sekundäre Pflanzenstoffe. Da es hitzeunempfindlich ist, schätze ich es zum Braten und Garen. Der Geruch ist zunächst ungewohnt, aber er verfliegt nach zwei Minuten Garzeit.

Bei der Wahl von **Süßungsmitteln** sind zwei Gesundheitsaspekte entscheidend: erstens, wie viele Nährstoffe mitgeliefert werden. Je höher ihr Anteil, desto gesünder. Zweitens, wie schnell die enthaltene Glukose ins Blut gelangt und wie stark sie den Blutzuckerspiegel nach oben treibt (glykämischer Index). Je stärker die Kurve steigt, desto tiefer fällt sie wieder ab … und will erneut angeschubst werden. Ein Teufelskreis für Heißhunger. Honig ist genauso negativ blutzuckerwirksam wie Haushaltszucker. Ich verwende ihn daher nur sparsam und roh.

Ahornsirup wird an Zuckerahornbäumen abgezapft und pur erhitzt, damit er nicht gärt. Er enthält in geringen Mengen bis zu 20 gesunde Bestandteile, unter anderem Mangan, Zink und Vitamine. Ich liebe sein Aroma!

Birkenzucker oder Xylit wird aus Birkenrinde gewonnen und kommt auch in einigen Obst- und Gemüsesorten vor. Im Gegensatz zu Haushaltszucker beeinflusst er den Blutzuckerspiegel nicht, enthält weniger Kalorien und wirkt vorbeugend gegen Karies. Birkenzucker sieht aus wie Haushaltszucker und süßt ähnlich. Zu viel bringt die Verdauung doch zu sehr in Schwung, weshalb ich Xylit gerne mit anderen Süßungsmitteln kombiniere. Denn unser Gehirn lässt sich nicht austricksen: Bei kalorienreduzierter Kost fordert es Energie in Form von Essen nach.

Datteln schmecken fantastisch, bringen rasch lang anhaltende Energie und sind extrem ballaststoff-, vitamin- und mineralstoffreich. Dattelzucker wird aus getrockneten Datteln gewonnen, sieht aus wie brauner Zucker und kann Haushalts- und Kokosblütenzucker ersetzen. In Wasser pürierte Datteln oder Dattelsirup lassen sich wie Ahornsirup verwenden. Auch frisches und gedörrtes Obst (Maulbeeren, Feigen …) bringen wunderbare Süße ins Essen.

Kokosblütenzucker und -sirup schmecken karamellartig. Der Sirup wird aus den Blüten der Kokospalme gewonnen, auskristallisiert, zerkleinert. Er liefert Vitamine und Mineralstoffe, gelangt langsam ins Blut und hält den Blutzuckerspiegel so für einen Zucker sehr konstant.

Reissirup ist fruktosefrei und gelangt dank der enthaltenen Mehrfachzucker nur langsam ins Blut. Er schmeckt leicht nussig und besteht aus Vollkornreis, der gemahlen, in Wasser und Enzymen aufgelöst und natürlich vergoren wird. Kristalline Reissüße sieht aus wie Puderzucker und ist ideal zum Dekorieren. Beides süßt um ein Drittel schwächer als Haushaltszucker, daher (außer für Kinder) beim Austausch entsprechend mehr verwenden.

FETTE

SÜSSUNGSMITTEL

Carobpulver
Quendel
Chia-Samen
geschälte Hanfsamen
Baobabpulver
Bourbon-Vanille
Maulbeeren
Gojibeeren
Rohkakao
Blütenpollen
Gemüsebrühe
Lucumapulver
Tamari

Superfoods & weitere Lieblingszutaten

Superfoods sind natürlich vorkommende Lebensmittel, die einen außerordentlich hohen Gehalt an wertvollen Inhaltsstoffen aufweisen. Dazu gehören bestimmte Hülsenfrüchte, Nüsse, Samen, Getreidesorten, Sprossen und Keimlinge sowie Avocado, Süßkartoffel, Rote Bete, Granatapfel, Grünkohl und anderes sattes Grün, eine Reihe von Beeren oder auch Ingwer.
Außerdem gibt es Superfoods, die bereits in kleinen Mengen merklich die Vitalität und Gesundheit unterstützen und sehr leicht in einen stressigen Alltag integriert werden können. Die ganze Familie profitiert davon! Ich liebe es, hier zu variieren. Superfoods sind ein großes Plus, aber absolut kein Muss in meinen Rezepten. Dabei gilt: falls möglich, zum Schutz der Nährstoffe unerhitzt genießen.

Baobab ist der Name für den afrikanischen Affenbrotbaum. Das Fleisch seiner Früchte enthält deutlich mehr Vitamin C als Orangen und sehr viel Kalzium. Außerdem liefert die Baobab-Frucht Kalium, Eisen, Magnesium und Antioxidantien in hohen Mengen. In der EU darf nur das getrocknete Fruchtfleisch vertrieben werden, bei uns ist es in Pulverform erhältlich. Baobab schmeckt leicht süßsäuerlich – wirklich lecker – und lässt sich statt Zitrone in Eis, Marmelade, Getränken und Dressings einsetzen.

Blütenpollen werden von Bienen gesammelt und zu Kügelchen geformt, vom Imker abgenommen und gereinigt. Sie enthalten eine hohe Dichte, Vielfalt und Kombination an Vitaminen, Mineralstoffen, Spurenelementen und Aminosäuren. Die alten Perser, Griechen, Römer, Chinesen und Ägypter wussten um diese ganz besondere Nahrungsquelle. Regelmäßig eingenommen können die Pollen Vitalität, Immunsystem, Konzentration und Muskelaufbau unterstützen. Sie sind hilfreich bei Erkältungen. Der Geschmack ist blumig bis mehlig und ähnelt Honig, aber ohne dessen Süße. Ich nutze das Aroma in Eis, Smoothies und Frühstücksbreien. Für Heuschnupfengeplagte sind Blütenpollen unter Umständen nicht geeignet. Außerdem kann Ware aus Südamerika, Australien und Neuseeland mit bestimmten Alkaloiden belastet sein, daher am besten heimische Pollen verwenden. Kleinkinder sollten nicht mehr als ½ TL rohe Blütenpollen täglich zu sich nehmen, Erwachsene maximal 1 EL. Die Blütenpollen gut verschlossen und am besten im Kühlschrank aufbewahren.

Chia-Samen waren bei Azteken und Mayas hoch im Kurs. Sie enthalten wertvolle Inhaltsstoffe wie Omega-6- und Omega-3-Fettsäuren im günstigen Verhältnis, Antioxidantien, Eisen, Kalzium, Kalium ... Dank ihrer wasserlöslichen Ballaststoffe quellen Chia-Samen in Flüssigkeit (auch im Magen) um das bis zu Zwölffache auf und sorgen damit für eine geniale Sättigung. Die beim Quellen entstehende Gelmasse lässt sich für Pudding ohne Kochen oder als Ei-Ersatz (s. S. 114) verwenden. Chia-Samen schmecken neutral – wichtig ist, dass man sie mit genügend Flüssigkeit einnimmt.

Gojibeeren heißen auch Chinesische Wolfsbeeren und werden in der Traditionellen Chinesischen Medizin bei Erschöpfung, Überanstrengung, Potenzstörungen, Unfruchtbarkeit, Schwindel, Tinnitus und Sehschwäche eingesetzt (Vorsicht in Kombination mit Gerinnungshemmern!). Gojibeeren enthalten Radikalfänger, Vitamine und die Spurenelemente Eisen und Selen und sind damit ein äußerst nährstoffreiches Lebensmittel. Getrocknet schmecken sie leicht bitter-süßlich. Weicht man sie ein oder backt sie mit, verlieren sie an Bitterkeit und gewinnen an Süße. Wir lieben weiche Gojis als Snack, in Müsli, Getränken und Gebäck.

Hanfsamen verwende ich vorwiegend geschält, so lassen sich die mild-nussigen Körnchen am besten einsetzen. Sie besitzen einen hohen Anteil essenzieller Fettsäuren, liefern hochwertiges Eiweiß und viel Vitamin B_1 und B_2. Hanfsamen haben keine berauschende Wirkung, sorgen aber aufgrund ihrer wertvollen Nährstoffe für die Stärkung von Gehirn- und Immunleistung. Püriert entfalten sie eine Cremigkeit, die an Sahne erinnert. Deshalb passen Hanfsamen gut in Eiscremes, Smoothies und Dressings, in Brot oder Porridge.

Leinsamen besteht aus den Samen der Flachspflanze. Die kleinen braunen Körnchen sind besonders wertvoll und reich an der Omega-3-Fettsäure Linolensäure. Ein hoher Gehalt an dieser essenziellen Fettsäure (immer im Verhältnis zu den Omega-6-Fettsäuren) verbessert Cholesterinspiegel und Blutbild und stärkt Herz und Gehirn. Leinsamen enthält ebenfalls wasserlösliche Ballaststoffe, die in Flüssigkeit aufquellen und abführend wirken. Deshalb empfehle ich, ihn – vor allem für Kinder – nur in kleinen Mengen einzusetzen. Seine positiven Eigenschaften kommen am besten in geschroteter oder gemahlener Form zur Geltung. Da das beim Zerkleinern austretende Leinöl, anders als bei Chia-Samen, schnell ranzig wird, sollte man Leinsamen am besten selbst und nur kleine Mengen in einer Kaffeemühle mahlen oder schroten und sofort verarbeiten. Reste lassen sich auch in kleinen Portionen einfrieren.

Lucuma ist eine aus den Anden stammende Frucht, die optisch einer Mango ähnelt. Sein Anteil an Beta-Carotin, Zink, Eisen, Kalzium und Vitaminen ist beachtlich. Außerdem soll Lucuma den Blutzucker stabilisieren und das Immunsystem unterstützen. Das bei uns erhältliche Lucumapulver schmeckt süßlich – ich verwende es deshalb gerne in Gerichten, die eine cremige und süße Konsistenz erhalten sollen.

Maulbeeren sind bei uns vor allem getrocknet erhältlich. Sie knuspern wie Cornflakes und schmecken wie Honig, wirklich sensationell! Maulbeeren überzeugen gesundheitlich, weil sie das Herz und Blut stärken und die allgemeine Vitalität fördern. Sie enthalten Proteine, Vitamine, Mineralstoffe (Magnesium, Kalzium, Eisen) sowie den Ballaststoff Pektin. Maulbeeren eignen sich – ähnlich wie Rosinen – zum Süßen in Granola, auf Porridge oder auch pur als Snack.

Rohkakao in Form von Kakaobohnen, Nibs oder Pulver enthält primär Kakaobutter (über 50 Prozent) und eine Fülle an Ballast- und Mineralstoffen sowie Antioxidantien. Er verbessert damit die Konzentration, fördert die Verdauung und schützt das Herz. Rohkakao enthält außerdem Theobromin, eine chemisch dem Koffein verwandte Substanz, und liefert damit messbare Energie. Deshalb enthalte ich ihn meiner kleinen Tochter zu gewissen Tageszeiten vor, damit sich die Schlafenszeiten nicht verschieben. Roh ist Kakao eine fantastische Zutat, kann aber in allen Rezepten auch gegen das bei uns übliche Kakaopulver ausgetauscht werden. Beim Kauf empfehle ich ebenfalls Produkte aus fairem Handel.

Meine sonstigen Lieblingszutaten:

Apfelessig wirkt basenbildend im Körper. Die Verwendung von Apfelessig soll positive Auswirkungen auf die Verdauung, den Blutzuckerspiegel, das Abnehmverhalten und den Cholesterinwert haben. Um in den Genuss dieser Wirkungen zu kommen, sollte er nur unerhitzt bezogen und verwendet werden.

Bourbon-Vanille aromatisiert fantastisch! Im Bio-Regal ist sie in gemahlener Form und in ganzen Schoten erhältlich. Gemahlen oder als Schote – beides empfehle ich gegenüber üblichem Vanillezucker.

Carobpulver ist die gemahlene, geröstete Frucht des Johannisbrotbaums. Es ist reich an unlöslichen Ballast- und sekundären Pflanzenstoffen, Beta-Carotin, Kalzium und Eisen. Im Geschmack ähnelt es gesüßtem Kakaopulver, enthält jedoch weder aufputschendes Theobromin bzw. Koffein noch irgendwelche Zuckerzusätze – deshalb ist es ideal für Kinder und Kakao-Allergiker. In Kombination mit Zimt schmeckt Carobpulver besonders gut. (Vorsicht: Kinder sollten Zimt immer nur in kleinen Mengen zu sich nehmen!)

Gemüsebrühe ist handelsüblich mit allerhand unaussprechlichen Zutaten, Zuckersorten (Maltodextrin etc.) und Geschmacksverstärkern (E-Nummern) versetzt, die mitunter negativen Einfluss auf die Gesundheit und das Appetitverhalten ausüben können. Das muss aber nicht sein. Im Bio-Regal finden sich auch durch Kräuter, Gewürze und Gemüse aromatisierte Brühpulver. Ich empfehle solche mit wenig oder ganz ohne Salz. Alternativ kann statt Brühpulver auch natürlicher Fond verwendet werden.

Tamari ist Sojasauce, die im Gegensatz zur üblichen Sojasauce weder Weizen noch Reis enthält und damit glutenfrei ist. Der Geschmack harmoniert auch in würzigen Gerichten fernab der asiatischen Gerichte. Ich verwende Tamari aus schonender natürlicher Fermentation.

Quendel ist eine Form wilden, milden Thymians und schmeckt wunderbar. Hildegard von Bingen setzte ihn bei Husten, Frauenleiden, Schlaflosigkeit und Verdauungsproblemen ein. Quendel gibt es getrocknet und gemahlen im Bio-Laden und kann alternativ gegen Thymian ausgetauscht werden.

Tierische Produkte sind ein wichtiger Aspekt in der gesunden Ernährung. Mit oder ohne sie entstehen Lieblingsgerichte, an die ich zuvor nie gedacht hätte

Milch, Fleisch, Fisch & Eier

Kuhmilchprodukte bekommen nicht allen Menschen. Das kann einerseits an einer Unverträglichkeit von Milchzucker (Laktose), andererseits an einer Allergie auf das Milcheiweiß liegen. Manchmal fühlen wir uns nach dem Genuss von Milch aber einfach nur gebläht oder unwohl. Der Stoffwechsel wird langsam, was Auswirkungen auf unser Immunsystem und Abnehmverhalten haben kann.
Die Alternativen sind wunderbar vielfältig: Milch aus Nüssen, Samen oder Getreide schmeckt fantastisch und lässt sich genauso verarbeiten. Schaf- oder Ziegenmilchprodukte sind ebenfalls anders zusammengesetzt als Kuhmilch. Ich empfehle, dem eigenen Körpergefühl zu lauschen. Wer keine Schwierigkeiten mit Kuhmilchprodukten hat, kann sie in meinen Rezepten statt der veganen Varianten oder der Schaf- und Ziegenprodukte einsetzen.

» Alternativen zu Milchprodukten sind wunderbar vielfältig

Wer sich mit Lebensmitteln und ihrer Wirkung im Körper beschäftigt, wird früher oder später mit der Haltung und Schlachtung von Tieren konfrontiert. Bei mir war es die horrende, verschwenderisch hohe Zahl an Tieren, die umkommen und deren Fleisch nie in den Handel gelangt, die mich stutzig gemacht hat. Ich esse gerne tierische Produkte und merke, dass mein Körper und die meiner zwei Lieben in regelmäßigen Abständen danach verlangen. Aber ich wähle inzwischen bewusst aus: Wir essen am liebsten Wild, außerdem Fleisch und Milchprodukte aus Freilandhaltung – und zwar aus wirklich artgerechter Freilandhaltung.
In der Stadt gibt es keinen Bauern um die Ecke, bei dem ich mich selbst durch einen Besuch vergewissern kann. Daher habe ich mich informiert und schätze verantwortungsbewusste Marktstände, Metzger oder Marken. Ebenso weiß ich, wo ich Eier von Hühnern beziehen kann, deren Brüderhähne noch mitaufgezogen werden. Es gibt Siegel, die das ausweisen, und an Marktständen kann man nachfragen. Alternativ ersetze ich Eier in meinen Rezepten durch Lein- oder Chia-Samen (s. S. 36 bzw. S. 114).
Der Verzicht auf Produkte aus Massentierhaltung und -schlachtung sorgt für eine bessere Fleischqualität, denn die Stresshormone aus dem Fleisch nehmen wir beim Essen mit auf.
Beim Kauf von Fisch ist es wegen der mitunter starken Überfischung wichtig, auf Siegel wie das unabhängige MSC-Siegel oder, noch besser, auf das followfisch-Siegel zu achten. Nur Produkte von Fischereien, die verantwortungsvoll mit Meeren und Fischarten umgehen, tragen diese Siegel. Gegen Tiefkühlprodukte ist dabei nichts zu sagen. Bio-Fleisch und -Fisch aus Züchtungen sind zudem nicht mit Medikamentenrückständen belastet. Die Produkte sind zwar teurer, dafür kommen Fleisch und Fisch bei uns seltener auf den Tisch. Unseren Körpern tut das sehr gut! In meiner Küche entstehen so oft vegane Lieblingsgerichte. Es ist genial, wie vielfältig gesunde Ernährung sein kann, ohne das Gefühl von Verzicht zu haben!

Smoothies, Drinks & Frühstück

Selbst gemachte Pflanzenmilch schmeckt sensationell zu Granola, in Smoothies oder auch pur – dann aber gut gekühlt! Da ich Erdmandelmilch mit ihrer natürlichen Süße besonders mag, gibt es hier das entsprechende Rezept. Man kann diese leckere Alternative zu Kuhmilch natürlich auch mit Nüssen oder Getreide herstellen – mehr Infos dazu gibt es auf S. 57.

Selbst gemachte Erdmandelmilch

Für etwa 1 l
150 g Erdmandeln (s. S. 8)
Salz
½ TL Zimt-, Kardamom- oder Bourbon-Vanillepulver (oder eine Mischung dieser Gewürze)
1–2 EL Honig
Außerdem:
Nussmilchbeutel oder Mulltuch (aus dem Drogeriemarkt oder dem Internetversand)

1 Die Erdmandeln in ½ l Wasser 24 Stunden im Kühlschrank einweichen.

2 Die Erdmandeln in ein Sieb abgießen, gut abspülen und abtropfen lassen. Die Erdmandeln mit 1 l Wasser und 1 Prise Salz im Küchenmixer oder mit dem Stabmixer auf höchster Stufe fein pürieren.

3 Die Erdmandelmilch durch einen Nussmilchbeutel, ein Mulltuch oder ein feines Sieb gießen und das Püree ausdrücken.

4 Die Milch wahlweise mit Zimt-, Kardamom- oder Bourbon-Vanillepulver sowie Honig abschmecken (für die Verwendung in pikanten Rezepten die Milchmasse pur belassen) und erneut pürieren. Sie ist gut verschlossen und gekühlt 4 bis 5 Tage haltbar. Vor dem Verzehr schütteln oder durchrühren, um abgesetzte Feststoffe zu verteilen.

Warme „Caroblade"

Vegan

Für 1 Tasse (à 250 ml)
250 ml Dinkel- oder Hafermilch
1 gestr. TL Carobpulver (s. S. 16)
½ TL Zimtpulver

1 Die Pflanzenmilch in einem Topf erhitzen, aber nicht aufkochen, in eine Tasse füllen, Carob- und Zimtpulver hinzufügen und gründlich einrühren.

 Erdmandelmilch: 15 Min. Zubereitungszeit + 24 Std. Einweichzeit

Alternativ
zum Honig kann die Milch auch mit 1 bis 2 EL Ahorn- oder Reissirup oder 2 bis 4 fein pürierten Datteln gesüßt werden.
Übrig gebliebenes Erdmandelmehl kann in Müsli gestreut oder zum Backen verarbeitet werden. Tiefgekühlt lässt es sich gut aufbewahren.

Anti-Erkältungs-Smoothie mit Baobab und Gojibeeren

Für 4 kleine Gläser
2 EL Gojibeeren (s. S. 15)
½ TL Blütenpollen (s. S. 15)
1 Möhre (siehe Tipp unten)
½ Banane
1 TL Baobabpulver (s. S. 15)
½ TL geriebener Ingwer (oder mehr)
1 TL geschälte Hanfsamen (s. S. 15)

1 Die Gojibeeren und Blütenpollen in 250 ml warmem Wasser 5 Minuten einweichen (das Wasser sollte nicht zu heiß sein, um die Nährstoffe nicht zu zerstören). In der Zwischenzeit die Möhre putzen, waschen und in grobe Stücke schneiden. Die Banane schälen und in Stücke brechen.

2 Die Gojibeeren und Blütenpollen samt Einweichwasser, Möhre, Banane, Baobabpulver, Ingwer und Hanfsamen im Standmixer oder mit dem Stabmixer 2 bis 3 Minuten pürieren, bis Möhrenstücke und Gojibeeren vollständig zerkleinert sind. So viel warmes Wasser (mindestens 100 ml) hinzufügen, bis der Smoothie lauwarm ist und die gewünschte Konsistenz erreicht hat. Alles erneut mixen.

3 Den Smoothie nach Belieben mit Zitronensaft oder Honig abschmecken, auf Gläser verteilen und möglichst sofort trinken.

Luftdicht verschlossen und gut gekühlt hält sich der Smoothie etwa 8 Stunden. Vor dem Verzehr erneut mit warmem Wasser aufgießen.

Ingwer lässt sich tiefgekühlt am feinsten reiben.

Die Banane kann auch durch ½ süßen entkernten Apfel oder ½ Birne ersetzt werden. Die Hanfsamen durch ½ TL mildes Kokosöl.

Für Kinder *reichen schon 100 ml des Smoothies als Immunbooster. Baobab ist übrigens ein tolles Anti-Erkältungsmittel für Kinder und Erwachsene: Einfach für Kinder 1 TL, für Erwachsene 1 EL Baobabpulver in lauwarmen Kamillentee oder Apfelsaft einrühren und trinken.*

Die drei Superfoods *Blütenpollen, Gojibeeren und Baobab geben Gas für unser Immunsystem – und gemeinsam natürlich erst recht. Doch keine Sorge, ist eine Zutat nicht im Haus, funktioniert der Drink trotzdem. Wer mit dem Stabmixer püriert, kann die harte Möhre auch weglassen.*

So grandios Smoothies sind, manchmal machen sie auch satter, als man es möchte. Saft ist hier eine tolle Alternative, um Nährstoffe aufzunehmen, die man sich sonst nicht gegönnt hätte.

Wenn ich Granatäpfel ergattere, fliegen wir auf Saft! Die säuerlich-süßen Kerne aus der Schale zu lösen, ist mitunter mühsam – wie gut, dass sich Granatäpfel wie Orangen auspressen lassen! Besonders gut klappt dies mit einer elektrischen Zitruspresse. Hätte ich keine im Haus, würde ich sie mir einzig für diesen Saft anschaffen – wir lieben ihn!

Frischer Granatapfel-Orangen-Saft

Für 4 kleine Gläser

1 reifer Granatapfel

2–3 Orangen

1 TL Baobabpulver (s. S. 15)

½–1 TL Blütenpollen (optional; s. S. 15)

1 Den Granatapfel und die Orangen halbieren und mit der Zitruspresse auspressen.

2 Das Baobabpulver und die Blütenpollen unterrühren, bis Letztere sich teilweise auflösen. Alternativ den Saft vorab in Gläser portionieren und die Blütenpollen daraufstreuen.

Den Saft sobald wie möglich trinken, damit seine gesunden Nährstoffe (siehe Tipp) erhalten bleiben.

Baobabpulver lässt sich in diesem Rezept durch Lucumapulver (s. S. 16) ersetzen.

Granatäpfel sind außerordentlich wertvoll für unseren Körper, sie zählen zu den Superfoods. Die Inhaltsstoffe der Frucht (unter anderem Antioxidantien, Kalium, Kalzium und Eisen) kümmern sich um unser Herz und Blut, um unsere Verdauung, um Haare, Nägel und Haut.

5 Min. Zubereitungszeit

Vegan

Dieser Smoothie *ist – anders als er aussieht – süß und den Spinat schmeckt man fast nicht heraus. Somit ist er ideal für Kinder und für Einsteiger grüner Smoothies. Alternativ zu Ananas bietet sich Melone oder Apfel an.*

Richtig Spaß *macht es, für diesen Smoothie mit verschiedenen grünen Blättern von Salaten oder Kräutern zu experimentieren! Außerdem nimmt man so nicht zu viele Alkaloide (das ist ein pflanzeneigener Schutzstoff) oder Oxalsäure auf, die beide im Übermaß nicht gesund sind und in rohem Spinat und Mangold vorkommen. Kinder unter drei Jahren und Menschen mit einer vorbelasteten Niere sollten vorsichtshalber ganz auf oxalsäurehaltige Zutaten verzichten. Alle anderen haben ein klares Go für diesen grünen Smoothie!*

Smoothie mit Ananas und Avocado

Für 2 Gläser (à ca. 250 ml)

2–3 Handvoll Blattspinat
½ Ananas
½ weiches Avocadofruchtfleisch
2 Scheiben Bio-Zitrone (mit Schale)
250 ml kaltes Kokoswasser (s. Tipp rechts; oder Wasser)
1 TL Chia-Samen (s. S. 15)

1 Den Blattspinat verlesen, waschen und abtropfen lassen. Die Ananas schälen, vom harten Strunk befreien und in grobe Stücke schneiden. Die Avocadohälfte schälen und den Stein entfernen.

2 Den Blattspinat, die Ananas, 2 EL Avocadofruchtfleisch, die Zitronenscheiben (mit Schale) mit dem Kokoswasser im Standmixer oder mit dem Stabmixer pürieren.

3 Den Smoothie auf 2 Gläser verteilen, die Chia-Samen daraufstreuen und den Smoothie möglichst sofort trinken.

Gut verschlossen und gekühlt bleibt der Smoothie etwa 8 Stunden frisch. Da Chia dann jedoch seine Quellwirkung entfaltet und der Smoothie dickflüssig wird, die Samen erst kurz vor dem Trinken daraufstreuen.

Spinat und Grünkohl gehören zu den mildesten Blattgemüsen für grüne Smoothies. Bei der grellen Farbe erwartet man einen intensiven, vielleicht sogar unangenehmen Gemüsegeschmack – das Gegenteil ist der Fall!

Nicht wundern – in der Zitronenschale befinden sich wertvolle Öle, daher wird sie kurzerhand mitpüriert!

 → 15 Min. Zubereitungszeit

Kokoswasser

wird aus der noch unreifen, grünen Kokosnuss gewonnen. Frisch enthält es reichlich Vitamine, Aminosäuren, Antioxidantien und Mineralstoffe. Bei uns bekommt man es abgepackt im Handel – es sollte keine Zusatzstoffe enthalten.

Meine Lieblingskombinationen für Toppings

Frische Aprikosen, geröstete Mandeln, Kürbiskerne und Maulbeeren

Mit einem kleinen Schuss Wasser geschmorte Pflaumen, Schafsjoghurt, Pistazienkerne, Zimt

Kokosöl, gebratener Apfel oder frische Khaki mit Vanille, schwarzer Sesam, Mandelmus

Kalte Vanille-Overnight-Oats

Vegan

Für 1 Portion
70 g gemischte Getreideflocken
1 Msp. Bourbon-Vanillepulver
1 gestr. TL Lucumapulver (optional; s. S. 16)
140 ml Dinkel-, Mandel- oder Hafermilch

1 Am Vorabend Getreideflocken, Vanille- und Lucumapulver nach Belieben in ein Schraubglas mit Twist-off-Deckel füllen, gut durchschütteln und mit der Pflanzenmilch bedecken. Das Glas verschlossen über Nacht kühl stellen.

2 Am nächsten Morgen die eingeweichten Flocken im Glas oder in einer Schüssel nach Lust und Laune mit frischem Obst und diversen Toppings krönen und genießen.

Wer es morgens eilig hat, bereitet alles am Vorabend zu und macht sich mit Glas und Löffel auf den Weg.

Warme Overnight-Oats mit Maulbeeren

Für 1 Portion
70 g gemischte Getreideflocken (z.B. Buchweizen, Dinkel und Hafer)
70 ml Mandel-, Nuss- oder Getreidemilch
1 Msp. Zimtpulver
1 EL getrocknete Maulbeeren

1 Am Vorabend Getreideflocken mit 140 ml Wasser, Pflanzenmilch, Zimt und Maulbeeren in einen beschichteten Topf geben, zugedeckt kühl stellen und über Nacht einweichen lassen.

2 Am nächsten Morgen die Mischung unter Rühren aufkochen, die Hitze reduzieren und den Brei 5 bis 10 Minuten leicht köcheln lassen, dabei gelegentlich umrühren. Je nach gewünschter Konsistenz weitere Flüssigkeit zufügen.

3 Den Brei in eine Schüssel geben und bunt belegen, noch warm genießen.

Vegan

Bei Getreidemischungen *achte ich darauf, dass sie weder Weizen noch Reis enthalten: Reis ist in den Mischungen oft geschält und dominiert im Anteil der Packungen. Siehe dazu auch S. 9 unten.*

Aromen *wie Vanille, Zimt oder Kardamom geben dem Brei das gewisse Etwas. Trockenfrüchte wie Maul- und Gojibeeren, Rosinen sowie gehackte Feigen oder Aprikosen verteilen ihre Süße am besten, wenn sie gleich mit einweicht werden.*

Overnight-Oats *werden am Vorabend mit ein paar Handgriffen vorbereitet und morgens warm oder kalt gegessen.*

Diese Varianten *können für bis zu 3 Tage vorbereitet werden.*

jeweils 10 Min. Zubereitungszeit + ca. 8 Std. Einweichzeit

Dieser Pudding *schmeckt traumhaft! Nie würde man erwarten, dass er eine der weltweit gesündesten Zutaten – nämlich Chia-Samen – enthält. Am besten schmeckt er gekühlt mit frischen Früchten oder einer warmen Beerenmischung. Er sättigt langanhaltend. Wer es morgens eilig hat, kann den Pudding gleich in größerer Menge zubereiten – er hält sich 3 bis 4 Tage im Kühlschrank.*

Chia-Pudding

Vegan

Für 4–6 sättigende Portionen

½ l Erdmandel-, Mandel- oder Hafermilch • 6 EL Chia-Samen (s. S. 15)
8 Datteln (entsteint)
½ TL Zimtpulver
½ TL Bourbon-Vanillepulver
200 g tiefgekühlte oder frische Beerenmischung (z.B. Brombeeren, Rote Johannisbeeren, Erdbeeren)
1 TL Speisestärke (aus Tapioka, Kartoffeln oder Mais)
2 EL Ahornsirup

1 Pflanzenmilch und Chia-Samen in einem hohen Rührbecher 3 Minuten verrühren (das Rühren verhindert ein Verklumpen der aufquellenden Samen). Die Datteln, das Zimt- und Vanillepulver dazugeben und 10 bis 15 Minuten im Kühlschrank quellen lassen. Alles mit dem Stabmixer fein pürieren. Den Pudding in kleine Schüsseln oder Gläser füllen und bis zum Essen kühl stellen.

2 Die Beerenmischung in einem Topf erhitzen und 3 EL Wasser hinzufügen. Die Speisestärke mit 4 EL kaltem Wasser anrühren und unter die Beeren rühren. Die Mischung einmal aufkochen und mit Ahornsirup abschmecken. Die noch warme Beerenmischung auf dem Pudding verteilen und sofort servieren.

Statt Ahornsirup kann auch jedes andere natürliche Süßungsmittel verwendet werden (s. S. 12). Falls statt Datteln Dattelzucker zum Süßen verwendet werden, entfällt das Pürieren unter Punkt 1.

Amarant-Porridge

Vegan

Für 4 Portionen

200 g Amarant (s. S. 11)
½ l Mandel- oder Hafermilch
2 TL Kokosblütenzucker (2 EL bei Verwendung als Dessert; s. S. 12)
½ TL Bourbon-Vanillepulver
Salz

1 Am Vorabend den Amarant mit der doppelten Menge Wasser bedecken und über Nacht 8 Stunden einweichen lassen. Am Folgetag den Amarant in einem sehr feinen Sieb gründlich abspülen und abtropfen lassen. Den Amarant mit Mandel- oder Hafermilch, Kokosblütenzucker, Vanillepulver und 1 Prise Salz in einem beschichteten Topf zum Kochen bringen. Die Hitze reduzieren und die Mischung zugedeckt 30 Minuten leicht köcheln lassen.

2 Den Topf vom Herd nehmen und die Masse weitere 10 Minuten ausquellen lassen. Den Amarant-Porridge auf Teller oder Schüsseln verteilen, sich ein flauschiges Plätzchen suchen und loslöffeln.

Dazu passen Schafs- oder Ziegenjoghurt, ein Schuss Kokosmilch, Chia-Konfitüre (das Rezept gibt es auf S. 34) und Mohn. Amarant schmeckt leicht erdig, wem das nicht liegt, der ersetzt die Hälfte durch Hirse. Sie wird in den letzten 10 Minuten der Kochzeit hinzugefügt. Statt mit Kokosblütenzucker kann man den Porridge auch mit anderen natürlichen Süßungsmitteln süßen (s. S. 12).

 → Chia-Pudding: 15 Min. Zubereitungszeit + 15 Min. Wartezeit + Kühlzeit

Porridge wird normalerweise als Frühstück gegessen und er lässt uns mit seinen energiespendenden Inhaltsstoffen perfekt in den Tag starten. Etwas stärker gesüßt schmeckt er auch als Dessert fantastisch. Für mich ist er inzwischen der bessere Grießbrei, kein Scherz. Wichtig ist es dabei, das Topping nicht auszulassen, das tut dem erdigen Geschmack vom Amarant gut.

Amarant-Porridge: 45 Min. Zubereitungszeit + 8 Std. Einweichzeit

Warmer Hirse-Porridge mit gebratener Banane und Hanfsamen

Für 4 Portionen

Für den Porridge:

120 g Hirsekörner oder -flocken

300 ml ungesüßte Mandel- oder Hafermilch

¼ TL Bourbon-Vanillepulver

1 Prise Meersalz

1 TL Kokosblütenzucker (s. S. 12)

Für das Topping:

2 Bananen

½ TL mildes Kokosöl

4 TL Honig (optional)

4 TL geschälte Hanfsamen (s. S. 15)

1 Für den Porridge, wenn möglich, die Hirsekörner mit reichlich Wasser bedecken und mindestens 2 Stunden – besser über Nacht – einweichen lassen. Bei Hirseflocken entfällt dieser Schritt.

2 Die Hirsekörner in ein Sieb abgießen, gründlich abspülen und abtropfen lassen. Mandel- oder Hafermilch, ¼ l Wasser, Vanillepulver, Meersalz und Kokosblütenzucker in einem beschichteten Topf aufkochen. Die Hirsekörner einrühren und einmal aufkochen, dabei ständig umrühren.

3 Die Hitze reduzieren und die Hirse zugedeckt 5 bis 7 Minuten leicht köcheln lassen, zwischendurch immer wieder umrühren. Den Herd ausschalten und den Porridge weitere 10 Minuten ausquellen lassen. Alternativ Hirseflocken 3 Minuten aufkochen und anschließend ohne Hitze 5 Minuten ausquellen lassen. Je nach gewünschter Konsistenz 1 Schuss weitere Flüssigkeit einrühren.

4 In der Zwischenzeit für das Topping die Bananen schälen, längs halbieren und vierteln. Das Kokosöl in einer beschichteten Pfanne erhitzen und die Bananenstücke darin auf jeder Seite 2 Minuten rösten.

5 Den Porridge in Schalen verteilen, die Bananenstücke daraufgeben, nach Belieben mit je 1 TL Honig beträufeln und mit jeweils 1 TL Hanfsamen bestreut servieren.

Statt *Kokosblütenzucker und Honig schmeckt hier auch jedes andere natürliche Süßungsmittel (s. S. 12).*

Mit *Hirseflocken ist das Frühstück besonders schnell gemacht. Da die Flocken bei langsamem Aufbrauchen leichter ranzig werden können, hebe ich sie vorsichtshalber gut verschlossen im Tiefkühler auf.*

Varianten: *Der Geschmack wird – wie bei allen Porridges – vom Topping abgerundet. Fantastisch schmecken auch Pistazien oder Chia- statt Hanfsamen, frische Nektarinen oder Beeren, auch tiefgekühlt, untergerührt. So wird die Vorfreude aufs Frühstück jeden Tag neu entfacht!*

 → 30 Min. Zubereitungszeit + mind. 2 Std. Einweichzeit

Süße Brötchen sind für mich etwas fürs Familienfrühstück. Lust darauf bekomme ich meistens spontan – da ist mir nicht nach aufwendigen Rezepten mit Hefe, die im Voraus geplant werden müssen. Wir genießen lieber die raren Morgenstunden, an denen Zeit unwichtig ist: Dann herzen und spielen wir ausgiebig mit der Kleinen und Frühstücksvorbereitungen sind Nebensache. Wenn ich doch vorausplane, mische ich die trockenen Zutaten am Vorabend und stelle auch die Schafsjoghurt-Dattel-Mischung im Kühlschrank bereit. So sind die Brötchen schneller im Ofen, als die anderen im Bad verschwunden und wieder aufgetaucht sind.

Rosinen-Gojibeeren-Brötchen

1 Dinkelvollkornmehl, Haferflocken, Vanille, Backpulver und Salz mischen. Den Joghurt nach Bedarf abgießen und mit den Datteln pürieren. Die Mehlmischung löffelweise zuerst mit einer Gabel, dann mit den Händen unter die Joghurt-Dattel-Masse mischen. Den Ofen auf 170 °C Umluft (190 °C Ober-/Unterhitze, Gas: Stufe 2–3) vorheizen.

2 Den Teig in 8 gleich große Stücke teilen. In jedes Stück ½ EL Rosinen und Gojibeeren einarbeiten und jeweils zu Kugeln formen. Dabei darauf achten, dass Rosinen und Beeren mit Teig bedeckt sind, damit sie beim Backen nicht dunkel und bitter werden.

3 Die Brötchen auf ein mit Backpapier ausgelegtes Backblech setzen und etwas flach drücken. Mit einem scharfen Messer die Oberfläche quer einritzen und mit Mandelmilch oder Kokosöl bepinseln.

4 Die Brötchen im Ofen auf der mittleren Schiene 15 bis 20 Minuten backen. Herausnehmen, wenn sie rundherum schön gebräunt sind, etwas abkühlen lassen und noch lauwarm genießen. Ist das Leben nicht schön?!

Diese Brötchen schmecken einfach herrlich und sättigen mehr als gekaufte Brötchen – Gebäck mit Dinkelvollkornmehl tendiert dazu, mit der Zeit trocken zu werden. Aus diesem Grund sollte man übrige Brötchen gut verschlossen aufbewahren.

Für 8 Brötchen

240 g Dinkelvollkornmehl
120 g zartschmelzende Haferflocken
¼ TL Bourbon-Vanillepulver
1½ TL Weinstein-Backpulver oder Backpulver • Salz
260 g Schafsjoghurt
80 g frische oder eingeweichte Datteln (entsteint) oder Dattelzucker (s. S. 12)
4 EL Gojibeeren (s. S. 15)
4 EL goldfarbene Rosinen
3 EL Mandelmilch oder 2 TL mildes Kokosöl zum Bestreichen

Dazu passt Chia-Konfitüre (s. S. 34) oder auch ein Schokoladenaufstrich (s. S. 42 und 112), ich selbst mag sie pur fast am liebsten.

15 Min. Zubereitungszeit + 15 bis 20 Min. Backzeit

Knuspergranola mit Sesam

Vegan

Für ca. 750 g
200 g Getreideflocken (z.B. Dinkel, Gerste, Buchweizen)
100 g grob gehackte Mandeln (für Allergiker ohne)
50 g Kürbiskerne (grob gehackt)
50 g Sonnenblumenkerne
50 g helle, ungeschälte Sesamsamen
200 g Apfelmus
2 EL mildes Kokosöl
3 EL Ahorn- oder 5 EL Reissirup
3 TL Zimtpulver
Meersalz
200 g gemischtes, ungeschwefeltes Trockenobst (z.B. Maulbeeren, Rosinen, Aprikosen, Apfelringe, entkernte Sauerkirschen, mit Apfel- oder Ananassaft gesüßte Cranberrys)
30 g Erdmandelblättchen (optional; s. S. 8)
Außerdem:
Vorratsglas mit Schraubdeckel oder Keksdose (à 1,3 l)

1 Getreideflocken, Mandeln, Kürbis- und Sonnenblumenkerne und Sesamsamen in einer Schüssel mischen. Den Backofen auf 170 °C Umluft (190 °C Ober-/Unterhitze, Gas: Stufe 2–3) vorheizen.

2 Apfelmus, Kokosöl, Ahorn- oder Reissirup, Zimtpulver und 1 gute Prise Meersalz unter Rühren in einem Topf bei mittlerer Hitze langsam erhitzen. Sobald das Kokosöl flüssig ist, den Topf vom Herd ziehen. Die Flüssigkeit über die trockenen Zutaten in der Schüssel geben und alles gleichmäßig durchmischen.

3 Die Masse auf einem mit Backpapier ausgelegten Backblech mit einem Teigschaber dünn verteilen, die Körner sollten dabei zusammenkleben.

4 Die Masse im Ofen auf der mittleren Schiene insgesamt 30 bis 35 Minuten backen. Nach 8 bis 10 Minuten das Blech herausnehmen und die Körner mit dem Teigschaber portionsweise wenden, wobei die „Körnermatte" in erste großflächige Stücke bricht. Diesen Vorgang jeweils nach weiteren 8 bis 10 Minuten Backzeit noch zweimal wiederholen.

5 In der Zwischenzeit je nach gewähltem Trockenobst die Apfelringe in kleine Stücke brechen und die Trockenaprikosen grob hacken.

6 Beim letzten Wenden die Granola in mundgerechte Stücke brechen und nach Bedarf weitere 5 bis 10 Minuten backen. Die Granola ist fertig, wenn sie gänzlich durchgetrocknet und goldbraun, aber nicht zu dunkel ist. Gegen Ende der Backzeit kontrollieren, dass nichts anbrennt.

7 Die Granola vollständig auskühlen lassen – erst dann ist der Knuspereffekt perfekt. Das Trockenobst und nach Belieben die Erdmandelblättchen untermischen und die Knuspergranola in ein Vorratsglas oder eine Keksdose füllen. Sorgfältig verschlossen hält sich das Müsli 4 bis 6 Wochen.

Knuspergranola über einen Obstsalat mit einem Klecks Joghurt – mmh …

 → 15 Min. Zubereitungszeit + 30 bis 35 Min. Backzeit (inkl. Kontrollen)

Dieses Müsli kommt anders als andere mit sehr wenig Öl aus, ist aber durch das Apfelmus besonders knusprig.

Knuspergranola schmeckt am besten mit selbst gemachter Erdmandelmilch (s. S. 20), Mandel- oder Hafermilch und zusätzlichem Obst, aber auch zu Porridge (s. S. 28) oder Mango-Hanf-Eis (s. S. 102).

Diese Konfitüre macht einfach so viel Sinn! Die Chia-Samen quellen auf, bringen Flüssigkeit in einen geleeartigen Zustand und übernehmen damit die Aufgabe von Gelierzucker. Neben den Früchten geht ihr Eigengeschmack völlig unter, sie werden geschmacksneutral. Somit ist diese Konfitüre eine Variante, die man guten Gewissens sogar pur löffeln könnte!

Chia-Konfitüre

Für 1 Glas (150–200 ml)

Für die Konfitüre:

250 g frische oder tiefgekühlte Himbeeren

1½ gestr. EL Chia-Samen (s. S. 15)

½ gestr. EL Honig (mehr nach Geschmack)

1 EL Baobabpulver (optional; s. S. 15)

Außerdem:

1 Einmachglas mit Schraubdeckel (150–200 ml)

1 Tiefgekühlte Himbeeren bei Zimmertemperatur antauen lassen. Die Früchte in einem Topf mit einer Gabel zerdrücken und bei mittlerer Hitze einmal kurz aufkochen lassen.

2 Den Topf vom Herd nehmen, die Beeren nach Belieben durch ein feines Sieb streichen, um die Kerne zu entfernen, und auskühlen lassen.

3 Sobald die Himbeeren lauwarm abgekühlt sind (etwa 40 °C), die Chia-Samen und den Honig unterrühren. Nach Belieben das Baobabpulver untermischen. Die Konfitüre in das Einmachglas füllen, mit dem Deckel verschließen und mindestens 15 bis 30 Minuten ruhen lassen, bis die Samen vollständig aufgequollen sind.

4 Dann geht es endlich los: Die Chia-Konfitüre zu Brötchen oder Brot, Waffeln, Porridge, Joghurt oder einfach pur genießen.

Die fertige Konfitüre *hält sich gut verschlossen und gekühlt etwa 5 Tage. Sie lässt sich außerdem super einfrieren, z. B. portionsweise in Eiswürfelformen.*

Eine leckere Variante *sind frische Mango, Kiwi, Pflaumen oder auch andere Beeren, die sich ganz nach Belieben über 1 Msp. Vanillepulver oder 1 Spritzer Zitronensaft freuen.*

Schnellvariante: *Wenn ich abschätzen kann, dass die Konfitüre noch am selben Tag vernascht wird, taue ich die Beeren über Nacht im Glas auf, zerdrücke sie morgens darin und rühre Chia-Samen und Honig ohne vorheriges Kochen unter. Während ich das restliche Frühstück vorbereite, haben die Samen genügend Zeit zum Quellen. Roh bleiben die Nährstoffe der Beeren vollständig erhalten – die Konfitüre ist aber nicht so lange haltbar!*

 → 15 Min. Zubereitungszeit + ca. 30 Min. Wartezeit

Vanille-Superfood-Fruchtschnitten

Vegan

Für ca. 20 Stück
60 g Quinoa
50 g Haferflocken
50 g Teff- oder Dinkelmehl (s. S. 11/10)
50 g gepuffte Getreidekörner (z.B. Amarant oder Dinkel)
20 g Erdmandelchips (s. S. 8)
½ TL Bourbon-Vanillepulver
9 EL getrocknete Beeren nach Belieben (ich verwende je 3 EL Gojibeeren, Rosinen und Sauerkirschen)
2 reife Bananen (350 g geschält)
2 EL Chia-Samen (s. S. 15)
120 ml Pflanzenmilch oder Wasser
2 EL Ahornsirup oder anderes natürliches Süßungsmittel (s. S. 12)
2 EL mildes Kokosöl oder Nussmilch
Meersalz
Außerdem:
2 EL gepuffter Amarant (s. S. 11) oder entsprechend Erdmandelblättchen (s. S. 8) oder Mandelblättchen
Backrahmen (25 x 22 cm)

1 Die Quinoa in einem Topf in 180 ml Wasser ohne Salz aufkochen, die Hitze reduzieren und die Samen 25 Minuten leise köcheln lassen, bis das Wasser vollständig aufgenommen wurde. Die Quinoa auskühlen lassen.

2 Haferflocken, Teff- oder Dinkelmehl, gepuffte Getreidekörner, Erdmandelchips, Vanillepulver und getrocknete Beeren in einer großen Schüssel mischen. Die Bananen schälen und mit Chia-Samen, Pflanzenmilch oder Wasser, Ahornsirup und Kokosöl oder Nussmilch im Standmixer oder mit dem Stabmixer pürieren.

3 Die pürierten Zutaten mit der Quinoa und 1 Prise Meersalz zu den trockenen Zutaten geben und alles zu einer homogenen Masse verrühren. Den Ofen auf 170 °C Umluft (190 °C Ober-/Unterhitze, Gas: Stufe 2–3) vorheizen. Ein Backblech mit Backpapier auslegen, wer einen hat, den Backrahmen auflegen, die Masse darin gleichmäßig 1 cm dick verteilen und glatt streichen. Für die Deko den Teig mit gepufftem Amarant, Erdmandel- oder Mandelblättchen bestreuen.

4 Die Masse im Ofen auf der mittleren Schiene etwa 45 Minuten backen, bis Ober- und Unterseite leicht gebräunt sind. Den Backrahmen abheben, den Teig mit dem Backpapier vom Blech auf ein großes Schneidebrett ziehen und kurz abkühlen lassen, dann in 4 x 9 cm große Riegel schneiden. Die Fruchtschnitten halten sich in einer Dose im Kühlschrank aufbewahrt 3 Tage. Sie lassen sich außerdem gut tiefkühlen und sind bei Bedarf rasch wieder aufgetaut.

Die Fruchtschnitten schmecken bei Zimmertemperatur übrigens am intensivsten und somit am besten.

Für Mitesser unter zwei Jahren *empfiehlt es sich, statt Quinoa Hirse zu verwenden und Früchte und Erdmandelblättchen in der Flüssigkeit einzuweichen und mitzupürieren. Ahornsirup ist für ganz Kleine nicht nötig.*

30 Min. Zubereitungszeit + 45 Min. Backzeit

Wer liebt keine Apfelpfannkuchen? Zum späten Sonntagsfrühstück oder nachmittags nach einem langen Winterspaziergang – sie schmecken einfach immer! Für gewöhnlich ist man nach ausgebackenen Apfelküchlein aber erst recht wieder in Bettlaune und der Bauch drückt. Doch nicht mit diesem Rezept: Natives Kokosöl und Vollkornmehlanteil sättigen gut und angenehm, Birkenzucker hält den Blutzuckerspiegel niedriger als konventioneller Zucker und das dazugereichte Obst kümmert sich um den Frischekick. Hier sind Erdbeeren unser Favorit!

Apfelpfannküchlein mit Zimt und „Zucker"

Für 15 Küchlein mit Ei bzw. 10 Küchlein mit Leinsameneiern

Für den Teig:

60 g Dinkelvollkorn- oder Buchweizenmehl
120 ml Dinkelmilch
2 TL Birkenzucker oder anderes natürliches Süßungsmittel (s. S. 12)
Salz
1 TL mildes Kokosöl je Ausbackvorgang
1 Ei oder 2 Leinsameneier (s. Tipp)
1–2 große süß-säuerliche Äpfel

Zum Anrichten:

1 Msp. Zimtpulver
½ TL Birkenzucker (s. S. 12)
einige frische Erdbeeren

Außerdem:

Apfelausstecher

1 Für den Teig Mehl, Dinkelmilch, Birkenzucker und 1 Prise Salz in einer Schüssel mit dem Schneebesen klumpenfrei verquirlen.

2 In zwei beschichteten Pfannen je 1 TL Kokosöl bei schwacher Hitze schmelzen. Das Öl mit dem Ei oder den Leinsameneiern zum Teig geben und alles zu einer homogenen Masse verrühren.

3 Die Äpfel waschen, nach Belieben schälen und mit dem Ausstecher das Kerngehäuse entfernen. Die Äpfel quer in ½ cm dicke Scheiben schneiden. Eine Apfelscheibe nach der anderen in den Teig tunken und in die noch öligen Pfannen geben – die Löcher der Apfelringe nach Belieben mit Teig füllen.

4 Die Apfelpfannküchlein in beiden Pfannen gleichzeitig bei mittlerer Hitze von beiden Seiten goldbraun ausbacken, dabei nach Bedarf weiteres Kokosöl dazugeben. Die fertigen Küchlein im Ofen auf der mittleren Schiene auf dem Ofengitter (damit der Teig nicht schwitzt) warm halten.

5 Zum Anrichten in einer kleinen Schüssel Zimtpulver mit Birkenzucker mischen. Die Erdbeeren waschen, putzen und in mundgerechte Stücke schneiden.

6 Jeweils 5 Apfelpfannküchlein auf Teller portionieren. Die Erdbeeren darauf verteilen und das Ganze mit Zimt-Birkenzucker bestreut servieren.

Leinsameneier macht man so: 1 EL geschrotete Leinsamen in 1 EL Wasser 5 Minuten aufquellen lassen. Bei der Verwendung von Leinsameneiern wird der Teig um den Apfel herum dicker, also kompakter, deswegen lassen sich mit Leinsameneiern weniger Küchlein zubereiten.

Wer für die kleinen Küchlein keine Muße hat – der Teig mit Ei reicht für zwei große Apfelpfannkuchen.

Erdbeeren haben 90 Prozent Wasseranteil und sind ideal, um sich leicht, aber sättigend zu ernähren. Ihr Vitamin-C-Gehalt ist höher als der von Orangen. Folsäure und Eisen bieten sie außerdem.

Der Safran in diesem Omelett stammt vom orientalischen Einfluss meiner Schwiegermutter. Er hebt es geschmacklich auf ein wirklich hohes Niveau. Man kann auch ganze Fäden verwenden, allerdings kann man sie nicht so sparsam dosieren und sie sind nicht so fein im Geschmack.

Die Avocado unterstützt eine lang anhaltende Sättigung. Letztlich passt das Gericht zu einem späten Sonntagsfrühstück genauso wie zum Mittag- oder Abendessen. 2 EL geriebener Ziegen- oder Schafskäse in der Füllung sind definitiv eine Option wert!

Ich empfehle, Safran mit Bedacht zu kaufen. Ist die Packung zu groß und zu günstig, ist der Safran wahrscheinlich teilweise unecht. Selbst gemahlen wird 1 Päckchen Safran mit 1 Prise Kokosblütenzucker oder Birkenzucker im Mörser. Dieser Safran hat, in einem kleinen, gut verschließbaren Gläschen aufbewahrt, praktisch kein Verfallsdatum.

Safranomelett mit Avocado und Kräutern

Für 4 Portionen

1 rote Paprikaschote

1 Bund frische Kräuter (z.B. Dill, Kerbel oder Bergkräuter)

2 reife Avocados

8 sehr frische Eier

4 Msp. Safranpulver (s. Tipp)

Meersalz

Pfeffer aus der Mühle

4 TL mildes Kokos- oder Avocadoöl

Chilipulver

1 Die Paprikaschote längs halbieren, entkernen, waschen und in kleine Würfel schneiden. Die Kräuter waschen, trocken schütteln, die Blätter abzupfen und nach Belieben grob hacken. Die Avocados halbieren und den Stein entfernen. Die Hälften schälen und das Fruchtfleisch in Scheiben oder Würfel schneiden.

2 Die Eier mit dem Safranpulver, 2 guten Prisen Meersalz und Pfeffer in einer Schüssel mit dem Schneebesen schaumig verquirlen – je mehr Bläschen entstehen, desto luftiger wird das Omelett. Den Backofen auf 80 °C Umluft (100 °C Ober-/Unterhitze, Gas: Stufe ½) vorheizen.

3 Eine beschichtete Pfanne bei mittlerer Hitze heiß werden lassen, 1 TL Öl darin erhitzen und ein Viertel der verquirlten Eier hineingießen. Die Masse in den ersten 10 Sekunden mit einer Gabel von außen nach innen ziehen und durch leichtes Kippen der Pfanne dafür sorgen, dass die Masse an die Ränder zurückläuft.

4 Solange die Oberfläche noch flüssig ist, die Paprikawürfel darauf verteilen. Sobald das Ei auch an der Oberfläche stockt, eine Omeletthälfte mit dem Pfannenwender vorsichtig vom Boden lösen und auf die andere Seite herüberklappen. Das Omelett 1 weitere Minute garen, auf einen Teller gleiten lassen und bis zum Servieren im Ofen auf der mittleren Schiene warm halten.

5 Zum Servieren die Omeletts mit frischen Kräutern und Avocadoscheiben oder -würfeln bestreuen bzw. belegen. Die Avocado zusätzlich mit 1 kleinen Prise Meersalz und 1 Prise Chilipulver besprenkeln.

Statt der Paprikawürfel machen sich in diesem Omelett auch junge Spinatblätter, Mangold, dünne Zucchinistreifen oder jede Art von Pilzen gut.

 → 30 Min. Zubereitungszeit

Ich liebe Brot *aus guten Körnern, Samen und Nüssen – und selbst gemachtes erst recht! Im Alltag reicht die Zeit dafür leider selten. Hier rettet mich mein 3-Minuten-Brot. Die Knethaken erledigen die Arbeit – eben 3 Minuten lang – und danach geht das Brot auf, während es backt. Nach 1 Stunde ist es fertig und so gut, dass ich die trockenen Zutaten immer gleich für 2 Brote mische und die Hälfte für ein weiteres Brot an einem anderen Tag in einem gut verschlossenen Glas aufbewahre. Das ist übrigens auch ein beliebtes Geschenk.*

3-Minuten-Vielfaltbrot

Vegan

Für 1 Brot

50 g Kürbiskerne
40 g Walnusskerne
40 g Haselnusskerne
20 g helle oder schwarze Sesamsamen
300 g Dinkelvollkornmehl
60 g Roggenvollkornmehl oder mehr Dinkelvollkornmehl
50 g Haferflocken
40 g Teffmehl (s. S. 11) oder mehr Haferflocken
50 g Möhre (optional, fein gerieben)
1 Päckchen Trockenhefe (7 g)
Salz
1 gestr. EL Kokosblütenzucker (s. S. 12)
1 EL natives Olivenöl + mehr zum Fetten der Form
1–2 EL Amarant, helle Sesamsamen, Haferflocken oder Hirse zum Bestreuen

Außerdem:

Kastenform (25 cm)

1 Kürbis-, Walnuss- und Haselnusskerne grob hacken und in eine Schüssel geben. Sesamsamen, beide Mehlsorten, Haferflocken, Teffmehl, Trockenhefe sowie 1 TL Salz dazugeben und alles gut mischen. Nach Belieben die Möhre dazugeben.

2 Das Olivenöl und 350 ml lauwarmes Wasser dazugießen und den Teig in der Küchenmaschine oder mit den Knethaken des Handrührgeräts auf höchster Stufe 3 Minuten kneten.

3 Die Kastenform leicht einölen, den Teig einfüllen, die Oberfläche der Länge nach 1 cm tief einritzen und nach Belieben mit Körnern, Samen oder Flocken bestreuen.

4 Das Brot auf die mittlere Schiene in den kalten Backofen schieben und bei 170 °C Umluft (190 °C Ober-/Unterhitze/Gas: Stufe 2–3) 1 Stunde backen.

5 Das fertig gebackene Brot aus dem Ofen nehmen, 10 Minuten abkühlen lassen, aus der Form lösen und vor dem ersten Anschneiden auf einem Gitter vollständig auskühlen lassen.

Für Nussallergiker bieten sich Sonnenblumenkerne und ein erhöhter Anteil an Kürbiskernen an.

 → 10 Min. Zubereitungszeit + 1 Std. Backzeit

Das Brot bleibt durch 50 g geriebene Möhre im Teig gleich einige Tage saftig.

Brote können unheimlich lustvoll und vielfältig belegt werden und dabei idealerweise gesund sein. Diese Beläge lassen das Herz höherschlagen. Mit nur ein paar Handgriffen entsteht das Gefühl, als säße man in seinem ganz persönlichen Lieblingscafé irgendwo im Urlaub!

Belegte Brote „sweet & savory"

Für jeweils 4 Portionen

Feigen und Walnüsse auf Ziegenfrischkäse

6 ungeschwefelte Soft-Feigen
6–8 Walnusskerne • 4 Scheiben Brot
4 EL Ziegenfrischkäse
Zimtpulver
2 TL Blütenpollen (s. S. 15, optional)

Mandelmus und Birne

1 Birne • 4 Scheiben Brot
4 EL helles Mandelmus oder ungesüßtes Erdmandelmus
4 Prisen Zimtpulver
4 TL Hanfsamen (s. S. 15)

Avocadomus und Dill

1 Avocado
½ gelbe oder rote Paprikaschote
4 Stiele Dill • 4 Scheiben Brot
Meersalz • Pfeffer aus der Mühle

3-Minuten-Schoko-Dattel-Aufstrich

6 EL Nussmus (z.B. ungesüßte Erdnussbutter, Erdmandelmus oder geröstetes Haselnussmus)
½ TL Rohkakaopulver
1 gestr. TL Carobpulver (s. S. 16) oder mehr Rohkakaopulver
2–3 frische oder eingeweichte Datteln (entsteint) • Meersalz

Feigen und Walnüsse auf Ziegenfrischkäse: Dafür die Softfeigen in kleine Würfel schneiden. Die Walnusskerne grob hacken. Die Brotscheiben mit jeweils 1 EL Ziegenfrischkäse bestreichen, dann Feigenwürfel und Walnussstücke darauf verteilen. Jedes Brot mit 1 Prise Zimtpulver bestäuben und nach Belieben mit Blütenpollen bestreuen. Die Nüsse können durch geschälte Hanfsamen oder Erdmandelchips ersetzt werden.

Mandelmus und Birne: Dafür die Birne waschen und mit dem Sparschäler dünne Scheiben Fruchtfleisch abschneiden. Das Brot mit hellem Mandel- oder Erdmandelmus bestreichen und mit Birnenscheiben belegen. Die Scheiben mit je 1 Prise Zimtpulver bestäuben und mit Hanfsamen bestreuen.

Avocadomus und Dill: Dafür die Avocado halbieren und den Stein entfernen. Die Hälften schälen und das Fruchtfleisch mit einer Gabel grob zerdrücken oder in Scheiben schneiden. Die Paprikahälfte entkernen, waschen und in kleine Würfel schneiden. Den Dill waschen, trocken schütteln, die Spitzen abzupfen und fein schneiden. Die Brotscheiben mit Avocado bestreichen oder belegen, mit Paprikawürfeln und Dill bestreuen und mit Meersalz sowie Pfeffer würzen. Der Genuss ist nicht von dieser Welt!

3-Minuten-Schoko-Dattel-Aufstrich: Dafür alle Zutaten mit 1 kleinen Prise Meersalz in ein Glas oder eine Dose mit Schraubverschluss geben und die Datteln darin mit einer Gabel zerdrücken. Alles durchmischen, fertig! Tipp: Auf Brot mit oder ohne Bananenstücken und gerösteten Haselnusskernen genießen oder Apfelstücke damit bestreichen. Im Kühlschrank lässt sich der Aufstrich etwa 2 Wochen aufbewahren.

Seit ich erfahren habe, dass Babys in Australien als erste Beikost Avocado essen, sind wir Avocadofans! Auf Brot macht sie sich gigantisch. Nährstoffe und gesunde Fette sind überaus reichlich enthalten und für mich könnte es keinen besseren, ganz natürlichen, schnell gemachten Aufstrich geben.

Ein süß-cremiger Schokoladenaufstrich,

der noch dazu gesund ist – dass es so etwas wirklich gibt, begeistert mich jedes Mal aufs Neue. Nichts ist unmöglich. Wir genießen ihn zu Brot und als Cremeschicht auf einer Schokoladentorte, die Maßstäbe setzt (Rezept dazu auf S. 112/113)! Das Problem ist nur, immer wenn mich zu einem späteren Zeitpunkt eine haltlose Lust danach überkommt, ist der Schokoaufstrich bereits getilgt. Diese Schnelllösung ist die Rettung und gelingt auch für kleine Portionen.

Salate, Snacks & kleine Gerichte

Neben meiner Lasagne auf S. 96/97 hat auch dieses Gericht in einer Ausschreibung einen Preis gewonnen. Die Inspiration dazu verdanke ich einer Blog-Leserin. Die Aromenkombination der Zutaten ist absolut umwerfend und Quinoa hebt den Nährstoffboost auf ein weiteres Level!

Gebackener Salat mit Datteln und Tahin-Dressing

Für 4–6 Portionen

Für den Salat:

120 g weiße Quinoa
1 Blumenkohl
6 Bio-Möhren
2 Bio-Pastinaken oder mehr Möhren
2–3 EL Olivenöl
1 TL Bourbon-Vanillepulver oder Mark von ½ Vanilleschote
Meersalz
2–3 EL Kürbiskerne
1 Bund Petersilie
200 g Blattspinat (optional)
80 g Datteln (entsteint)

Für das Dressing:

4 EL Orangensaft (frisch gepresst)
1 EL Zitronensaft (frisch gepresst)
2–3 EL Tahin (siehe Tipp)
1 EL Honig oder Ahornsirup
Salz • Pfeffer aus der Mühle

1 Für den Salat, wenn möglich, am Vorabend die Quinoa mit der doppelten Menge Wasser bedecken und über Nacht oder 12 Stunden einweichen.

2 Am nächsten Tag die Quinoa in ein Sieb abgießen, gründlich heiß abspülen und abtropfen lassen. Die Quinoa mit der doppelten Menge Wasser in einem beschichteten Topf bei mittlerer Hitze aufkochen und zugedeckt 25 Minuten leise köcheln lassen. Den Topf vom Herd nehmen, die Quinoa 5 Minuten ausquellen und danach ganz abkühlen lassen.

3 Den Backofen auf 180 °C Umluft (200 °C Ober-/Unterhitze/Gas: Stufe 3) vorheizen. Den Blumenkohl putzen, waschen und in Röschen teilen. Möhren und Pastinaken putzen, waschen und in mundgerechte dünne Scheiben schneiden.

4 Ein Backblech mit Backpapier auslegen, das Gemüse darauf verteilen, mit Olivenöl beträufeln und mit Vanillepulver oder -mark und Meersalz bestreuen. Alles gut vermischen und im Ofen auf der mittleren Schiene 20 Minuten garen, dabei das Gemüse hin und wieder wenden.

5 Inzwischen die Kürbiskerne grob hacken und in einer beschichteten Pfanne ohne Fett rösten, bis sie leicht bräunen. Die Petersilie waschen, trocken schütteln, die Blätter abzupfen und hacken. Den Spinat nach Belieben verlesen, waschen, grobe Stiele entfernen und die Blätter hacken. Die Datteln fein hacken, damit sich möglichst oft ein Stück auf die Gabel verirrt.

6 Für das Dressing den Orangensaft probieren. Schmeckt er säuerlich, gegebenenfalls auf die Zitrone verzichten. Ansonsten Orangen- und Zitronensaft, Tahin und Honig oder Ahornsirup mit Salz und Pfeffer verrühren.

7 Das gebackene Gemüse aus dem Ofen nehmen und lauwarm abkühlen lassen. Das Ofengemüse mit der Quinoa, den Kürbiskernen, der Petersilie, dem Blattspinat und den Datteln in einer großen Schüssel mit dem Dressing mischen und mit Zitronensaft, Honig, Salz und Pfeffer noch einmal abschmecken.

8 Den gebackenen Salat auf Teller verteilen und noch warm servieren.

 → 1 Std. Zubereitungszeit + 12 Std. Einweichzeit

Der Salat ist auch ein wunderbares Gericht für ein Picknick oder ein Büfett. Besonders frisch bleibt er, wenn Petersilie, Spinat und Dressing erst vor Ort untergemischt werden.

Für Claire schneide ich die Zutaten besonders klein, dann kommt sie nicht auf die Idee, ihre Lieblinge „herauszupicken".

Tahin ist ein Mus aus Sesamsamen, die beeindruckend reich an Kalzium, Magnesium und Eisen sind. Das Mus passt hervorragend in Salatsaucen und salzige Dips. Klassisch wird Tahin für Hummus (s. S. 60) verwendet.

Griechischer Salat mit Grünkern

Für 4 Portionen

Für den Salat:

120 g Grünkern

je 1 gelbe und rote Paprikaschote

1 Salatgurke

2–3 Handvoll Cocktailtomaten

1 mittelgroße Süßkartoffel (200 g)

oder 200 g Möhren

120 g Feta (Schafskäse)

12 schwarze Oliven (ohne Stein)

1 Schalotte

Für das Dressing:

2 EL Apfelessig

4 EL Zitronensaft (frisch gepresst)

2 EL natives Olivenöl

Meersalz

Pfeffer aus der Mühle

Ahorn- oder Reissirup zum Abschmecken

1 Für den Salat am Vorabend den Grünkern mit der doppelten Menge Wasser bedecken und über Nacht oder 12 Stunden einweichen.

2 Am nächsten Tag den Grünkern in ein Sieb abgießen, gründlich heiß abspülen und abtropfen lassen. Das Getreide mit der doppelten Menge Wasser in einem beschichteten Topf bei mittlerer Hitze aufkochen und zugedeckt 30 Minuten leise köcheln lassen. Den Topf vom Herd nehmen, den Grünkern 5 Minuten ausquellen und danach ganz abkühlen lassen.

3 Inzwischen die Paprikaschoten längs halbieren, entkernen, waschen und in kleine Würfel schneiden. Die Gurke waschen, der Länge nach halbieren und die Kerne mit einem Teelöffel entfernen. Das Gurkenfleisch in Würfel schneiden. Die Cocktailtomaten waschen und halbieren oder vierteln. Die Süßkartoffel oder Möhren gründlich waschen und mit Schale raspeln. Den Schafskäse in Würfel schneiden oder zerbröseln. Die Oliven hacken oder in Scheiben schneiden. Die Schalotte schälen und in feine Würfel schneiden. Paprika, Gurke, Tomaten, Süßkartoffel oder Möhren, Feta, Oliven und Schalotte mit dem abgekühlten Grünkern in einer großen Schüssel mischen.

4 Für das Dressing Essig, Zitronensaft und Olivenöl gut verrühren und je nach Geschmack mit Meersalz und Pfeffer, etwas mehr Zitronensaft und Ahorn- oder Reissirup abschmecken. Dabei beachten, dass der Feta bereits salzig ist.

5 Das Dressing unter den Salat mischen. Jetzt ist Disziplin gefragt – erst an den Tisch setzen! Als ob ich mich daran immer halten würde ...

Schalotten *und Oliven kann man separat zu dem Salat reichen – so kann sich jeder davon so viel er möchte nehmen.*

Grünkern *kann man in diesem Salat durch das Pseudogetreide Quinoa oder auch Dinkel ersetzen – beides schmeckt darin ganz wunderbar!*

 → 1 Std. Zubereitungszeit + 12 Std. Einweichzeit

Sumach ist in orientalischen Läden oder Supermärkten erhältlich. Die geriebene, rote Frucht des Sumachbaums ist verdauungsfördernd und schmeckt angenehm säuerlich. Zwiebeln nimmt er wie von Zauberhand die Schärfe! Der Salat schmeckt auch ohne ganz wunderbar, dann die Zwiebelmenge reduzieren. Für Kleinkinder die Zutaten am besten ganz klein schneiden.

Die Avocado ist im Salat ein Gedicht, daher das Fruchtfleisch möglichst so klein schneiden, dass man oft ein Stückchen davon im Mund hat.

Quinoasalat mit Sumach-Zwiebeln

Vegan

1 Für den Salat, wenn möglich, am Vorabend die Quinoa mit der doppelten Menge Wasser bedecken und über Nacht oder 12 Stunden einweichen.

2 Am nächsten Tag die Quinoa in ein Sieb abgießen, gründlich heiß abspülen und abtropfen lassen. Die Quinoa mit der doppelten Menge Wasser in einem beschichteten Topf bei mittlerer Hitze aufkochen und zugedeckt 25 Minuten leise köcheln lassen. Den Topf vom Herd nehmen, die Quinoa 5 Minuten ausquellen und danach ganz abkühlen lassen.

3 Inzwischen die Zwiebel schälen, in mundgerechte Stücke schneiden, leicht salzen und in einem Sieb abgedeckt 30 Minuten ziehen lassen. Die Tomaten waschen und in mundgerechte Stücke schneiden, dabei die Stielansätze entfernen. Tomaten zugedeckt ebenfalls 30 Minuten ruhen lassen.

4 Unterdessen die Paprikaschoten längs halbieren, entkernen, waschen und in kleine Würfel schneiden. Die Avocados halbieren und die Kerne entfernen. Die Hälften schälen und das Fruchtfleisch in kleine Würfel schneiden. Die Petersilienblätter waschen, trocken schütteln und fein hacken.

5 Die Zwiebelstücke in eine große Schüssel geben, mit dem Sumach bestreuen und mit den Händen 2 Minuten durchkneten. Die Zwiebel verliert so ihre Schärfe. Den ausgetretenen Tomatensaft abgießen und die Tomatenstücke samt Paprika, Avocados, Petersilie und Quinoa zur Zwiebel geben. Olivenöl und Zitronensaft untermischen und den Salat mit Salz und Pfeffer abschmecken. Mit den Hanfsamen garniert servieren.

Für 4 Portionen

120 g weiße Quinoa
1 Gemüsezwiebel
Salz
10 Strauchtomaten
4 Paprikaschoten
2 Avocados
1 Handvoll Petersilienblätter
1 EL Sumach (s. Tipp)
3–4 EL Olivenöl
Saft von 1 Zitrone (frisch gepresst)
Pfeffer aus der Mühle
2 EL geschälte Hanfsamen

1 Std. Zubereitungszeit + 12 Std. Einweichzeit

Quinoa-Antipasti-Salat

Für 4 Portionen

Für den Salat:

- 2 Auberginen
- je 1 gelbe und grüne Zucchini
- Salz
- 2 Knoblauchzehen
- 3 EL Olivenöl
- 1 TL Ahornsirup
- 2 Handvoll Rucola
- 16–20 EL leicht gesalzene rote Quinoa (vorgegart)
- 1 Stück weicher Ziegenkäse
- bunte Kresseblättchen zum Garnieren

Für das Dressing:

- 2 EL Olivenöl
- 6–8 EL Zitronensaft (frisch gepresst)
- 2 TL Ahornsirup
- 1 TL mittelscharfer Senf
- 2 EL Kapern (gehackt)
- Meersalz
- Pfeffer aus der Mühle

1 Für den Salat Auberginen und Zucchini putzen, waschen und in Scheiben schneiden, salzen. Den Knoblauch schälen und fein reiben oder durch die Presse drücken.

2 Das Olivenöl in einer Pfanne erhitzen und die Auberginenscheiben darin auf jeder Seite 3 bis 5 Minuten anbraten. Die Zucchinischeiben dazugeben und einige Minuten mitbraten, bis das Gemüse weich ist. Kurz vor Ende der Garzeit den Knoblauch dazugeben. ½ TL Ahornsirup untermischen und das Gemüse beiseitestellen.

3 Für das Dressing Olivenöl, Zitronensaft, Ahornsirup, Senf und Kapern kräftig mischen und mit Meersalz und Pfeffer abschmecken.

4 Den Rucola verlesen, waschen, trocken schleudern und am äußeren Rand von 4 Tellern anrichten. Das gebratene Gemüse in Tellermitte platzieren und mit der vorgegarten Quinoa bestreuen. Rucola und Gemüse mit dem Dressing beträufeln und den Salat mit weichen Ziegenkäsekrümeln und Kresseblättchen garniert servieren.

 → 35 Min. Zubereitungszeit

Der Salat ist das ideale Gericht nach einem Grillabend: Übrig gebliebenes, gegrilltes Gemüse findet in ihm seine beste Verwendung. Da ich Quinoa, wie alle Getreidesorten, immer gleich für 2 Tage im Voraus zubereite, ist auch sie schnell zur Hand. Der Ziegenkäse sorgt hier für das gewisse Etwas.

Bunter Salat mit Paprika-Mango-Dressing

Vegan

Für 4 Portionen

Für den Salat:

4 Handvoll Blattgrün (z.B. Kopfsalat, Blattspinat oder Radieschenblätter)
1 Möhre
6 Radieschen
½ Salatgurke
4 Aprikosen
1 Handvoll Weintrauben
½ Bund gemischte Kräuter (z.B. Minze, Petersilie, Kerbel, Dill)
1 EL schwarze Sesamsamen oder 2 EL gehackte Pistazien zum Bestreuen

Für das Dressing:

1 rote Paprikaschote
1 kleine Mango
4 EL Apfelessig
2 EL Olivenöl
2 TL Baobabpulver (optional: s. S. 15)
Meersalz
Pfeffer aus der Mühle

1 Das Blattgrün verlesen, waschen und trocken schleudern. Grobe Stiele entfernen und die Blätter in mundgerechte Stücke zupfen. Möhre, Radieschen und Salatgurke putzen, waschen und in dünne Scheiben schneiden.

2 Die Aprikosen waschen, halbieren, den Stein entfernen und die Hälften in Spalten schneiden. Die Weintrauben waschen und halbieren. Die Kräuter waschen, trocken schütteln und die Blätter von den Stielen zupfen.

3 Für das Dressing die Paprikaschote längs halbieren, entkernen, waschen und grob hacken. Die Mango schälen, das Fruchtfleisch vom Stein schneiden. Paprika, Mango, Apfelessig, Olivenöl und nach Belieben Baobabpulver mit dem Stabmixer pürieren. Das Dressing mit Meersalz und Pfeffer abschmecken.

4 Das Blattgrün in eine große flache Schüssel geben. Das geschnittene Obst und Gemüse dekorativ darauf verteilen. Mit den Kräuterblättern und den Sesamsamen oder gehackten Pistazienkernen bestreut servieren. Das Dressing separat dazu reichen.

Ein auf einer Platte *bunt dekorierter, nicht vermischter Salat ist besonders ansprechend und auch für Kinder interessant! Gemüse im Dressing liebe ich sehr, auch weil man so mit nur wenig Öl auskommt.*

Bei Salatzutaten *geht nichts über Improvisation und Abwechslung: Anstelle von Radieschen machen sich z.B. Tomaten oder in dünne Scheiben geschnittener Staudensellerie gut. Die Aprikosen kann man durch Apfel oder Nashi-Birne ersetzen. Sättigender wird der Salat mit Avocadowürfeln oder vorgegarten, abgekühlten Bohnen, die unter das Blattgrün gemischt werden.*

 → 35 Min. Zubereitungszeit

Gemüse-Pommes-Dreierlei

Vegan

1 Für jede Sorte Gemüse-Pommes den Backofen auf 190 °C Umluft (210 °C Ober-/Unterhitze, Gas: Stufe 3–4) vorheizen. Das Gemüse jeweils putzen, schälen, waschen und in möglichst gleich große dünne Stifte schneiden.

2 Ein Backblech mit Backpapier auslegen und die Gemüsestifte mit dem Kokosöl darauf verteilen. Das Blech etwa 1 Minute in den Ofen schieben, bis das Öl zerlassen ist. Das Gemüse auf dem Blech mit den jeweiligen Gewürzen und Kräutern sowie etwas Salz und dem Kokosöl vermischen. Das Öl sollte die Pommes vollständig benetzen. Das Gemüse auf dem Backblech verteilen, ohne dass sich die einzelnen Stifte überlappen.

3 Je nach Sorte und Größe der Stifte das Gemüse 30 bis 40 Minuten rösten, zwischendurch wenden. Während der letzten 10 Minuten darauf achten, dass die Pommes nicht verbrennen. Die Pommes aus dem Ofen nehmen und sofort servieren.

Sie passen als Beilage hervorragend zu einem grünen Salat, zu Patties (s. S. 62–65), zu Hummus (s. S. 60), zu Wraps (s. S. 54–56) oder in eine Lunch Bowl (s. S. 78–81).

Süßkartoffeln und Pastinaken können, müssen aber nicht geschält werden.

Für jeweils 4 Beilagen-Portionen

Für Süßkartoffel-Pommes:

2 Süßkartoffeln • 1–2 EL mildes Kokosöl • ¼ TL Zimtpulver ½ TL gehackter Thymian • Meersalz

Für Pastinaken-Pommes:

3 große Pastinaken (oder 4 große festkochende Kartoffeln) • 1–2 EL mildes Kokosöl • ½ TL Paprikapulver (edelsüß) • 1 TL helle Sesamsamen Chilipulver nach Belieben • Meersalz

Für Rote-Bete-Pommes:

2 große Rote Beten (oder ½ Butternut-Kürbis)
1–2 EL mildes Kokosöl
½ TL gehackter Thymian
Meersalz

50 bis 60 Min. Zubereitungszeit

Tortilla-Wraps

Vegan

Für 10–12 mittelgroße Fladen
100 g Dinkelmehl
150 g Dinkelvollkornmehl
50 g Teffmehl (s. S. 11) oder mehr Dinkelmehl
½ TL Salz
½ TL Weinstein-Backpulver oder Backpulver
2 TL Avocado- oder Olivenöl
eine der Mehlsorten zum Bestäuben der Arbeitsfläche
etwas Avocado- oder Olivenöl zum Bestreichen
Für die Füllung:
nach Belieben Paprikaschote, Tomaten, Radieschen, Salatgurke, Blumenkohlröschen, Avocado, Zwiebeln, Blattspinat, Kopfsalat etc.

Wraps sind ein großartiges, geselliges Familien- und Gästeessen. Jeder greift lustvoll nach den Zutaten und kreiert sich seine eigenen Kombinationen – das macht großen Spaß!

Bei uns gibt es fast wöchentlich Wraps. Ich variiere bei der Vorbereitung der Tortillas sowohl die Füllung als auch die Dips. Die Füllung halte ich simpel und bunt.

1 Für die Tortilla-Fladen alle Mehlsorten sowie Salz und Backpulver in einer Schüssel mischen. 180 ml heißes (aber kein kochendes) Wasser und das Öl dazugeben und die Masse zunächst mit einer Gabel durchrühren, dann mit den Händen etwa 1 Minute kräftig kneten. Der Teig sollte dabei nicht an den Händen kleben.

2 Den Teig in 10 bis 12 gleich große Portionen teilen und in der Schüssel mit einem Küchentuch abgedeckt feucht halten. Eine beschichtete Pfanne ohne Fett erhitzen. Die Arbeitsfläche (oder eine Silikonbackmatte) und das Rollholz bemehlen und den ersten Fladen dünn ausrollen.

3 Den Fladen auf einer Seite dünn mit Öl bestreichen und mit dieser Seite nach unten in der heißen Pfanne bei starker Hitze 30 bis 60 Sekunden backen – gerade so lange, bis kleine hellbraune Flecken entstehen und der Fladen Blasen schlägt. Den Fladen wenden und ohne Zugabe von Fett weitere 30 bis 60 Sekunden backen. Den fertigen Fladen auf einen Teller gleiten lassen und mit dem zweiten Küchentuch abdecken. So weiter verfahren, bis der Teig aufgebraucht ist. Die Fladen möglichst sofort und noch leicht warm servieren.

Dips gehören zur Basisausstattung von Wraps – sind aber gleichzeitig auch deren „Krönung". Alle Dips auf S. 56 bzw. 60/61 sind familienerprobt und sehr beliebt: Hier passt Hummus, Guacamole oder Tsatsiki.

Die Zutaten für die Füllung: Sensationell schmeckt beispielsweise eine Kombination aus geschnittenem Salat, frischen Sprossen, Gurken- und Paprikastiften, Süßkartoffel-Pommes (s. S. 53), gekochten schwarzen Bohnen, Guacamole-Dip und Frühlingszwiebelringen. Ebenso liebe ich eine Füllung aus geschnittenem Salat, gekochtem Getreide wie Dinkel oder Quinoa, Gurken- und Radieschenscheiben, dünnen Pfirsich- und Avocadospalten, halbierten Kirschtomaten, Kräutern und Tsatsiki-Dip. Dazu immer frisch geträufelte Limette!

Auch warme Füllungen sind toll: Die folgenden Zutaten lassen sich gleich in einem Schwung für mehrere Tage und für diverse Gerichte vorbereiten: gegartes Gemüse wie Süßkartoffeln, Kürbis oder Mais; mit wenig Olivenöl und Salz im Ofen gebackene Auberginen, Zucchini, Rote Bete oder Pilze; gekochtes Getreide wie Quinoa oder Gerstengraupen …

Den Wraps fehlt es in Kombination mit einem Dip an nichts – aber natürlich können Wraps auch mit Fleisch, Fisch, Käse oder Patties befüllt werden, z.B. mit gebratenem Lachs (s. S. 90), mexikanisch gebratenem Hackfleisch (s. S. 56) oder hellem Fleisch, Feta oder gebratenem und gewürfeltem Halloumi (halbfester Käse aus Zypern), Rote-Bete-Patties (s. S. 62) oder Halloumi-Patties mit Grünkern und Hirse (s. S. 64).

 → 25 Min. Zubereitungszeit für die Fladen

Tex-Mex-Fleischpfanne

Für 4–6 Portionen
2 kleine Zwiebeln
1–2 Knoblauchzehen
2 TL mildes Kokosöl, Avocado- oder Olivenöl
500 g mageres Rinderhackfleisch oder geschnetzeltes Geflügelfleisch (s. S. 17)
Meersalz
2 TL Paprikapulver (edelsüß)
1 TL Kurkumapulver
½ TL Pimentpulver oder frisch geriebene Muskatnuss
2 Msp. Zimtpulver
1 TL getrockneter Oregano
1–2 TL Korianderpulver (optional)
1–2 Msp. Chilipulver (optional)
4 EL Tomatenmark
Pfeffer aus der Mühle

1 Die Zwiebeln und den Knoblauch schälen. Die Zwiebeln in feine Würfel schneiden, den Knoblauch fein reiben. Das Öl in einer Pfanne erhitzen und das Fleisch darin bei mittlerer bis starker Hitze scharf anbraten.

2 Das Fleisch mit Meersalz würzen, dann die Zwiebeln dazugeben und glasig dünsten. Die Hitze reduzieren, den Knoblauch hinzufügen und ebenfalls 1 bis 2 Minuten mitdünsten.

3 Paprika-, Kurkuma-, Pimentpulver oder Muskat, Zimtpulver, Oregano sowie nach Belieben Koriander- und Chilipulver dazugeben. Das Tomatenmark mit 8 EL Wasser unterrühren. Alles 1 weitere Minute garen und mit Meersalz und Pfeffer abschmecken.

Das Fleisch noch warm als Wrap-Füllung servieren.

Guacamole mit Tomaten

Vegan

Für 4 Portionen
1 Avocado
3 Tomaten
½ Knoblauchzehe
Saft von 1 Limette (frisch gepresst)
Meersalz
Chilipulver oder Pfeffer aus der Mühle

1 Die Avocado halbieren und den Kern entfernen. Die Hälften schälen und das Fruchtfleisch mit einer Gabel zerdrücken. Die Tomaten waschen, halbieren, entkernen und in kleine Würfel schneiden, dabei die Stielansätze entfernen. Den Knoblauch schälen und fein reiben.

2 Die Avocado- und Tomatenwürfel mit dem Knoblauch vermischen und die Guacamole mit Limettensaft, Meersalz und Chilipulver oder Pfeffer abschmecken.

Guacamole schmeckt sensationell zu Wraps oder Lunch Bowls, aber auch zu Gemüse-Pommes (s. S. 53). Der Kern der Avocado enthält Enzyme, die verhindern, dass die angeschnittene oder bereits wie hier vermengte Avocado oxidiert, also braun wird. Wird der Kern auf die Guacamole gelegt, hält sie sich gut verschlossen 2 Tage im Kühlschrank.

 → 20 Min. Zubereitungszeit | 15 Min. Zubereitungszeit

Gemüsesuppe mit Graupen

Vegan

1 Die Gerstengraupen waschen, mit der doppelten Menge Wasser bedecken und 2 Stunden einweichen.

2 Die eingeweichten Graupen in ein Sieb abgießen, heiß abspülen und abtropfen lassen. Das Getreide in leicht gesalzenem Wasser bei mittlerer Hitze 30 Minuten weich kochen.

3 In der Zwischenzeit das Gemüse putzen, waschen bzw. schälen und in Stücke schneiden oder grob hacken. Die Gemüsebrühe in einem großen Topf aufkochen. Festes Gemüse – wie Möhren, Sellerie und Pastinaken – dazugeben, die Temperatur auf mittlere Hitze reduzieren und das Gemüse in der Brühe etwa 15 Minuten recht weich garen. Anschließend den gehackten Brokkoli oder restliche Gemüsesorten mit kurzer Garzeit hinzufügen und mitkochen, bis das Gemüse weich ist. Die Zwiebel schälen und in feine Würfel schneiden.

4 In einem kleinen beschichteten Topf ½ EL Öl erhitzen, die Zwiebelwürfel darin glasig dünsten und in die Suppe geben. Den Topf erneut auf die Herdplatte stellen und das restliche Öl hinzufügen. Das Dinkelmehl darin unter Rühren anschwitzen. 2 bis 3 große Kellen Gemüsebrühe hinzufügen, dabei ständig weiterrühren, bis sich Mehl und Flüssigkeit klumpenfrei verbunden haben.

5 Die Mehlschwitze in die Gemüsesuppe im großen Topf einrühren. Die Mandelmilch und die Gerstengraupen hinzufügen. Die Suppe mit Meersalz und Pfeffer abschmecken und ein letztes Mal aufkochen. Zum Anrichten die Suppe mit Schnittlauchröllchen oder gehackter Petersilie bestreuen.

Für 4 Portionen

80 g Gerstengraupen
Meersalz
600 g Gemüse (z.B. Möhren, Lauch, Sellerie, Pastinaken, Süßkartoffeln, Brokkoli)
1,2 l Gemüsebrühe (s. S. 16)
1 Zwiebel
2½ EL Avocado- oder Olivenöl
2 EL Dinkelmehl
150 ml Mandelmilch
Pfeffer aus der Mühle
2 EL Schnittlauchröllchen oder fein gehackte Petersilie

Wer mag und gute Qualität bekommt (s. S. 17), kann Knackwürstchen dazu servieren. Statt Gerstengraupen kann man auch Dinkel oder Grünkern verwenden.

Für pikante Gerichte *eignet sich dickere Mandelmilch: Dafür 150 g Mandeln in Wasser 12 Std. einweichen. Abgießen, abspülen, abtropfen lassen und mit 700 ml Wasser und 1 Prise Salz fein pürieren. Wie auf S. 20 unter Punkt 3 beschreiben weiterverfahren.*

Möhren-Kokos-Suppe mit Pinienkernen

Vegan

Für 4 Portionen
600 g Möhren
1 große Zwiebel
2 Knoblauchzehen
1 haselnussgroßes Stück Ingwer
400 ml Kokosmilch (aus der Dose)
2 Sternanis
Meersalz
2–3 EL Pinienkerne
1–2 EL Zitronensaft (frisch gepresst)
Pfeffer aus der Mühle

1 Die Möhren putzen, waschen und fein hacken. Die Zwiebel schälen und in feine Würfel schneiden. Knoblauch und Ingwer schälen und fein reiben.

2 In einem Topf 1 EL des festen Kokosmilchanteils erhitzen und die Zwiebelwürfel darin bei mittlerer Hitze glasig dünsten. Knoblauch und Ingwer dazugeben und kurz mitdünsten. Gehackte Möhren untermischen. Alles unter ständigem Rühren 1 Minute garen.

3 Dann die restliche Kokosmilch und 400 ml Wasser angießen, Sternanis und 1 TL Meersalz dazugeben und die Suppe bei mittlerer Hitze 15 Minuten einkochen lassen, dabei gelegentlich umrühren.

4 Inzwischen die Pinienkerne in einer Pfanne ohne Fett unter Rühren goldbraun rösten. Die Kerne in eine Schüssel umfüllen und abkühlen lassen.

5 Die beiden Sternanis wieder entfernen, die Suppe mit dem Stabmixer pürieren und mit Zitronensaft, Meersalz und Pfeffer abschmecken.

6 Die Suppe mit Pinienkernen bestreut anrichten und genießen.

Eine ähnliche Suppe habe ich mit meinen Schwestern in einem Restaurant gegessen, in dem wir ausgekühlt von einem Spaziergang ankamen. Wir waren alle begeistert von der Suppe – sogar meine Schwester, die sonst eher den Geschmack von Kokos meidet. Zu Hause habe ich die Suppe nachempfunden und das Rezept inzwischen oft herumgereicht!

Durch die wertvollen Fette der Kokosmilch ist die Suppe unheimlich nährend. Sie schmeckt wirklich fantastisch – übrigens auch, wenn sie zuvor eingefroren wurde und anschließend wieder erwärmt wird.

Variation: Je nach Saison schreit der Kürbis förmlich danach, statt der Möhren in den Kochtopf zu wandern.

Hummus ist so vielseitig einsetzbar und in Kombination mit Wraps, Lunch Bowls oder Gemüse unschlagbar lecker, sättigend und gut für den Körper! Diese Variante kommt mit wenig Öl aus gutem Tahin (Sesammus) aus. Er schmeckt wie mein Lieblingshummus vom Wiener Naschmarkt. Ich bereite Hummus immer in größeren Mengen zu und friere ihn portioniert ein. Am Vorabend oder morgens taut er bis mittags auf und die Freude ist jedes Mal groß!

Hummus

Vegan

Für 4 Portionen

200 g getrocknete Kichererbsen oder weiße Bohnen
½ TL Natron
3 Knoblauchzehen
1 TL Olivenöl
2–3 gehäufte EL Tahin
¼ TL gemahlener Kreuzkümmel
4 EL Zitronensaft (frisch gepresst)
1 TL Meersalz

1 Am Vorabend die Kichererbsen oder Bohnen waschen und in der dreifachen Menge Wasser mit dem Natron mindestens 12 Stunden einweichen.

2 Am Folgetag die Hülsenfrüchte gründlich waschen und die Kichererbsen in 1½ l Wasser ohne Salz 2½ Stunden garen. Alternativ weiße Bohnen in ausreichend Wasser ohne Salz 1 Stunde köcheln lassen. Die Hülsenfrüchte müssen sehr weich sein. Abgießen, dabei 120 ml des Kochwassers auffangen, und die Hülsenfrüchte abkühlen lassen.

3 Den Knoblauch schälen und fein reiben und im Olivenöl andünsten. Die Hülsenfrüchte mit dem aufgefangenen Kochwasser, Tahin, Kreuzkümmel, Zitronensaft, Meersalz und dem angedünsteten Knoblauch im Standmixer oder mit dem Stabmixer pürieren.

Der Hummus hält sich im Kühlschrank etwa 4 Tage.

Anstelle von getrockneten Hülsenfrüchten funktioniert das Rezept natürlich auch mit 800 g Kichererbsen oder weißen Bohnen aus der Dose. Dann entfällt die Zugabe von Natron, das die Verdauung verbessert. Die Einweichzeit der Kichererbsen kann gut und gerne auf 24 Stunden verlängert werden.

In einem Schnellkochtopf gelingt das geruchsfreie Garen von Bohnenkernen binnen 10 bis 20 Minuten.

 → 2,5 Std. Zubereitungszeit + mind. 12 Std. Einweichzeit

Tsatsiki mit Hanfsamen

1 Die Gurke putzen, waschen, längs halbieren und die Kerne mit einem Teelöffel entfernen. Das Fruchtfleisch grob reiben, in ein Sieb geben, das Salz einmassieren und die Gurke mindestens 30 Minuten Wasser ziehen lassen. Die Gurkenraspel anschließend auspressen.

2 Den Knoblauch (für Kinder eventuell weglassen) in den Joghurt reiben und alle restlichen Zutaten unterrühren. Das Tsatsiki mit Meersalz und Pfeffer abschmecken und sofort servieren oder im Kühlschrank 1 Stunde ziehen lassen.

Tsatsiki passt fantastisch zu den Süßkartoffel-Patties mit Roter Bete von S. 62 und zu Gemüse-Pommes (s. S. 53), als Alternative oder Ergänzung zu Guacamole ebenso gut zu Wraps. Gekühlt bleibt es 2 bis 3 Tage frisch. Die Hanfsamen sind schnell untergerührt und so ein unbemerkter, extragesunder Kick. (Unbemerkt, weil man sie nicht herausschmeckt oder sieht.)

Für 4 Portionen

⅓ Salatgurke
⅓ TL Meersalz + Salz zum Abschmecken
½ Knoblauchzehe
200 g griechischer Schafsjoghurt
1 TL Apfelessig
2–3 EL geschälte Hanfsamen
3 EL fein geschnittener Dill
Pfeffer aus der Mühle

Mango-Hanf-Chutney

Vegan

1 Die Mango schälen, das Fruchtfleisch vom Stein schneiden und in grobe Würfel schneiden. Die Schalotte schälen und in feine Würfel schneiden.

2 Das Öl in einer Pfanne erhitzen und die Schalottenwürfel darin bei mittlerer Hitze glasig dünsten.

3 Mangowürfel und gedünstete Schalottenwürfel mit den Hanfsamen im Standmixer oder mit dem Stabmixer cremig pürieren. Das Chutney mit Limettensaft, Meersalz und Pfeffer abschmecken.

Das Chutney passt hervorragend zu Wraps, Lunch Bowls und den Halloumi-Patties auf S. 64. Gekühlt und zugedeckt hält es sich 2 Tage.

Für 4 Portionen

1 reife Mango
1 Schalotte
½ TL mildes Kokosöl, Avocado- oder Olivenöl
2 EL geschälte Hanfsamen
Saft von ½–1 Limette
Meersalz
Pfeffer aus der Mühle

15 Min. Zubereitungszeit + 30 Min. Ruhezeit | 15 Min. Zubereitungszeit

Als Beilage *zu diesen Patties passen Tsatsiki (s. S. 61) und ein grüner Salat. Diese Patties schmecken auch am nächsten Tag noch wunderbar frisch, z. B. für eine Lunch Bowl oder als Füllung für Wraps (s. S. 54).*

Lilafarbene *Süßkartoffeln sind für dieses Rezept ideal – man bekommt sie im Asialaden.*

Süßkartoffel-Patties mit Roter Bete

Für 12 Stück (à 6,5 cm Ø)
200 g Süßkartoffeln
160 g Rote Bete
1 EL Kapern
30 g Hartkäse (von Schaf oder Ziege) oder 1 EL mehr Kapern
1 große Zwiebel oder 2 Frühlingszwiebeln
½–2½ EL mildes Kokosöl oder Avocadoöl zum Ausbacken
2 Knoblauchzehen
2 EL frischer oder 1 TL getrockneter Thymian
Meersalz
Pfeffer aus der Mühle
Außerdem:
Dampfgareinsatz

1 Die Süßkartoffeln putzen, das heißt von unschönen Stellen befreien, gründlich waschen und ungeschält in 2 cm dicke Würfel schneiden. Die Kartoffelstücke in einen Dampfgareinsatz geben. In einem großen Topf wenig Wasser zum Kochen bringen. Den Dämpfeinsatz hineinstellen und die Süßkartoffeln mit geschlossenem Deckel bei mittlerer Hitze etwa 10 Minuten dämpfen.

2 In der Zwischenzeit die Rote Bete schälen und fein reiben (dabei am besten Einweghandschuhe tragen). Die Kapern fein hacken. Den Hartkäse fein reiben. Die Zwiebel schälen und in feine Würfel schneiden oder die Frühlingszwiebeln putzen, waschen und den weißen Teil ohne Wurzeln in dünne Ringe schneiden. 1 TL Öl in einem Topf erhitzen und die Zwiebelwürfel oder Frühlingszwiebelringe darin glasig dünsten. Den Knoblauch schälen, fein reiben, zu den Zwiebeln geben und kurz mitdünsten.

3 Die weichen Süßkartoffelwürfel kurz ausdampfen lassen, dann mit einer Gabel zerdrücken und mit der Roten Bete, der Zwiebel-Knoblauch-Mischung, den Kapern und dem Käse vermischen. Mit Thymian, Meersalz und Pfeffer abschmecken.

4 Den Backofen auf 170 °C Umluft (190 °C Ober-/Unterhitze, Gas: Stufe 2–3) vorheizen. Aus der Masse mit leicht angefeuchteten Händen 12 gleich große Patties formen und auf einem mit Backpapier ausgelegten Backblech verteilen.

5 Die Patties etwa 20 Minuten im Ofen backen, zwischendurch wenden. Alternativ in einer beschichteten Pfanne 2 EL Öl erhitzen und die Patties darin bei mittlerer Hitze auf jeder Seite etwa 5 Minuten braten, bis sie Farbe und Röstaroma annehmen.

Zur Bindung *brauchen Patties in der Regel Käse, Ei oder Hackfleisch. Die geringe Menge Hartkäse dient in diesem Rezept dem Geschmack, für die Konsistenz ist er nicht notwendig. In diesem Fall übernehmen die Süßkartoffeln die bindende Funktion, die zudem doppelt so gesund sein sollen wie hiesige Kartoffeln. Ihre Schale enthält außerordentlich viel Caiapo, das unter anderem das Blutbild reguliert. Wann immer möglich und optisch ansehnlich, verwende ich die Schale daher mit.*

Perfekte Begleiter *zu den Patties sind das Mango-Hanf-Chutney von S. 61, der gebackene Salat von S. 46 oder ein großer bunter Salat wie auf S. 52.*

Wenn *absehbar ist, dass nicht alles verbraucht wird, die Masse zugedeckt aufbewahren und am nächsten Tag frisch, z.B. für eine Lunch Bowl, ausbacken.*

Halloumi-Patties mit Grünkern und Hirse

Für ca. 10 Stück

80 g Grünkern
80 g Hirse
Meersalz
1 Zwiebel
1 TL mildes Kokos- oder Avocadoöl + etwas mehr zum Ausbacken (optional)
120 g Halloumi (halbfester Käse aus Zypern)
1–2 Knoblauchzehen
60 g Sonnenblumenkerne
1 Möhre
6 TL Tamari (s. S. 16)
2–3 TL getrockneter Quendel oder Thymian
Pfeffer aus der Mühle

1 Grünkern und Hirse separat waschen, jeweils mit der doppelten Menge Wasser bedecken und über Nacht 10 Stunden einweichen lassen.

2 Am Folgetag Grünkern und Hirse in ein Sieb abgießen, mit heißem Wasser abspülen und abtropfen lassen. Den Grünkern in 400 ml leicht gesalzenem Wasser mit geschlossenem Deckel 15 Minuten kochen. Die Hirse zufügen und alles weitere 10 Minuten kochen. Wenn das Getreide die Flüssigkeit wirklich restlos aufgesogen hat, den Topf vom Herd nehmen.

3 Die Zwiebel schälen und in feine Würfel schneiden. Das Öl in einer Pfanne erhitzen und die Zwiebelwürfel darin andünsten. Den Halloumi in kleine Würfel schneiden und unter gelegentlichem Rühren mitbraten, bis die Käsewürfel von allen Seiten gebräunt sind. Den Knoblauch schälen, in die Pfanne reiben und kurz mitgaren. Die Mischung abkühlen lassen.

4 Die Sonnenblumenkerne in einer leistungsstarken Küchenmaschine fein zerkleinern. Die Möhre putzen, waschen, grob schneiden und dazugeben, ebenso das Getreide, die geröstete Käse-Zwiebel-Mischung, Tamari, Quendel oder Thymian und Pfeffer. Die Zutaten zu einer homogenen Masse vermischen und in der Küchenmaschine weiter zerkleinern. Die Masse abschmecken und zu etwa 10 gleich großen Patties formen.

5 Etwas Kokosöl in einer beschichteten Pfanne erhitzen und die Patties darin nacheinander ausbacken. Bei Bedarf die fertigen Patties im vorgeheizten Ofen bei 80 °C Umluft (100 °C Ober-/Unterhitze, Gas: Stufe 1) warm halten. Alternativ die Patties im vorgeheizten Backofen bei 170 °C Umluft 20 Minuten backen.

Wer *keine wirklich leistungsstarke Küchenmaschine (auch als Food Processor bekannt) hat, wird ein Ei zum Binden benötigen, da der Stärkeanteil des Getreides dann nicht ausreichend wirken kann. Dafür die Sonnenblumenkerne mit einem Blitzhacker fein zerkleinern, die Möhre fein reiben, mit den restlichen Zutaten und dem Ei vermischen und wie gehabt ausbacken.*

 → 50 Min. Zubereitungszeit + 10 Std. Einweichzeit

Halloumi ist ein halbfester Käse aus Zypern, der angebraten oder gegrillt nicht zerläuft. Er schmeckt phänomenal und verleiht den Patties eine besonders angenehme, würzige Note. Schwer schmecken sie dabei keineswegs! Für eine vegane Variante unbedingt mehr Zwiebel, Knoblauch, Tamari und Thymian als Ausgleich verwenden.

Hauptgerichte

Nocken oder Spätzle mit Gulasch sind für mich pure Kindheitserinnerungen an meine Wiener Großmütter. Besonders für den Alltag sind Spätzle und zerlaufener Käse eine feine Sache. Anstelle von viel geriebenem Käse liebe ich geröstetes Paniermehl dazu. Und natürlich fehlt auch Gemüse nicht, auf diese Art wird Brokkoli richtig interessant!

Dinkelnocken mit Brokkoli und Böseln

Für 4 Portionen

Für die Nocken:

300 g Dinkelmehl
100 g Dinkelvollkornmehl
300 ml Dinkelmilch
1–2 Prisen Meersalz
1½ EL mildes Kokosöl + etwas mehr zum Anbraten
½–1 TL Kurkumapulver
4 Eier

Für den Brokkoli und die Brösel:

1 großer Brokkoli
1 EL mildes Kokosöl
4 EL Dinkelpaniermehl
geriebener Schafs- oder Ziegenhartkäse zum Bestreuen (optional)
Meersalz
Pfeffer aus der Mühle

Außerdem:

Dampfgareinsatz
Nockerln- oder Spätzlehobel

1 Für die Nocken alle Zutaten mit dem Stabmixer zu einem glatten Teig verrühren. Je länger der Teig gerührt wird, desto luftiger werden die Nockerln. Den Teig beiseitestellen und 15 Minuten ruhen lassen.

2 Den Brokkoli putzen, waschen und in Röschen teilen. Die Röschen in einen Dampfgareinsatz geben. In einem großen Topf wenig Wasser zum Kochen bringen. Den Dämpfeinsatz hineinstellen und den Brokkoli mit geschlossenem Deckel bei mittlerer Hitze 5 bis 7 Minuten bissfest garen.

3 Währenddessen in einem großen weiten Topf reichlich Salzwasser aufkochen. Den Teig noch einmal durchrühren. Die Hälfte des Teigs mit einem Nockerl- oder Spätzlehobel hineinreiben und im leicht kochenden Wasser 3 Minuten garen. Schwimmen die Nockerln an der Oberfläche, sind sie fertig. Die Nocken mit einem Schaumlöffel herausheben und gut abtropfen lassen. Mit dem übrigen Teig ebenso verfahren.

4 In einer beschichteten Pfanne 1 EL Kokosöl erhitzen und das Dinkelpaniermehl darin bei mittlerer Hitze unter ständigem Rühren etwa 2 Minuten anrösten, dabei nicht zu dunkel werden lassen, sonst wird es bitter. Das Paniermehl aus der Pfanne in ein Gefäß füllen und beiseitestellen.

5 In der Pfanne ½ TL Kokosöl erhitzen und die Nockerln darin schwenken. Nach Belieben geriebenen Käse unterheben und schmelzen lassen. Die Brokkoliröschen untermischen und alles mit Meersalz und Pfeffer abschmecken.

6 Die Dinkelnocken mit dem Brokkoli auf Tellern anrichten und mit den Bröseln bestreut servieren.

Spätzlehobel sind günstig und ihre Anschaffung lohnt sich. Nach diesem Rezept wird der Kauf fertiger Spätzle ganz und gar uninteressant!

Dinkelpfannkuchen mit Ziegenkäsefüllung

Für 8–10 Stück
120 g Dinkelmehl
110 g Buchweizenmehl
300–350 ml Dinkelmilch
40–60 ml Mineralwasser oder mehr Dinkelmilch
Salz
2 TL Avocado- oder mildes Kokosöl
2 Eier
6 Scheiben Ziegenschnittkäse oder 100 g geriebener Ziegenhartkäse

1 Dinkel- und Buchweizenmehl, Dinkelmilch, Mineralwasser, 1 Prise Salz und ½ TL Öl mit einem Schneebesen glatt rühren. Die Eier unterrühren. Den Backofen zum späteren Warmhalten auf 80 °C Umluft (100 °C Ober-/Unterhitze, Gas: Stufe ½) vorheizen.

2 In einer Pfanne ¼ TL Öl erhitzen. 1 Kelle Teig hineingeben, durch Schräghalten der Pfanne verlaufen lassen und bei starker Hitze schnell beidseitig zu einem dünnen Pfannkuchen ausbacken. Nach dem Wenden eine Hälfte mit etwas Käse belegen oder bestreuen, die andere Hälfte über die Füllung klappen und den Pfannkuchen kurz weiterbacken, bis der Käse schmilzt.

3 Den fertigen Pfannkuchen auf einen Teller geben und im Backofen warm halten. Mit dem restlichen Teig ebenso verfahren.

Glasierte Möhren

Vegan

Für 4 Portionen
1 Bund Möhren
2 EL Olivenöl
¼ TL fein gehackter Rosmarin
1 TL fein gehackter Thymian
1 ½ EL Kokosblütenzucker (s. S. 12) oder Ahornsirup
1–2 TL Zitronensaft
Meersalz
Pfeffer aus der Mühle

1 Die Möhren putzen, waschen, nach Belieben schälen, und schräg in mundgerechte Rauten schneiden. Die Möhrenstücke in einen Dampfgareinsatz geben. In einem großen Topf wenig Wasser zum Kochen bringen. Den Dämpfeinsatz hineinstellen und die Möhren mit geschlossenem Deckel bei mittlerer Hitze 10 Minuten weich, aber noch ein wenig bissfest garen.

2 Das Olivenöl in einer beschichteten Pfanne erhitzen und die Möhren darin bei mittlerer Hitze kurz schwenken. Die Kräuter, den Kokosblütenzucker, den Zitronensaft und etwas Meersalz darüber verteilen und die Möhren 3 bis 5 Minuten leicht glasieren, dabei gelegentlich wenden. Die glasierten Möhren mit Meersalz und Pfeffer abschmecken und mit einem grünen Salat zu den Käsepfannkuchen servieren.

 → 45 Min. Zubereitungszeit | 20 Min. Zubereitungszeit

Derselbe Teig schmeckt auch fantastisch in süßer Variante, dann nach dem Ausbacken mit Zitrone beträufeln, je nach Süßbedarf ½ TL Birkenzucker, Reissirup oder ein anderes Süßungsmittel darauf verteilen und eingewickelt genießen!

Hirsotto mit Pilzen

Für 4 Portionen

½ l Gemüsefond oder -brühe
4 Schalotten
1 EL Avocado- oder Olivenöl
3–4 Knoblauchzehen
200 g Hirse
200 ml Weißwein
300 g Pilze der Saison (z.B. Kräuterseitlinge, Steinpilze, Pfifferlinge, braune Champignons)
½ Bund Petersilie
30 g Hartkäse von Schaf oder Ziege (Pecorino oder Manchego)
Meersalz
Pfeffer aus der Mühle

1 Den Gemüsefond oder die -brühe mit ½ l Wasser aufkochen und warm halten. In der Zwischenzeit die Schalotten schälen und in feine Würfel schneiden. Das Öl in einem beschichteten Topf erhitzen und die Schalottenwürfel darin bei mittlerer Hitze glasig dünsten. Den Knoblauch schälen, in den Topf reiben und kurz mitdünsten.

2 Die Hirse dazugeben und bei mittlerer Hitze 2 Minuten rösten. Mit dem Weißwein ablöschen und einköcheln lassen, dabei regelmäßig rühren.

3 Die Hälfte der heißen Brühe dazugießen und erneut stetig rühren. Wenn die Flüssigkeit fast vollständig eingekocht ist, die restliche Brühe angießen und die Hirse mit geschlossenem Deckel etwa 10 Minuten eindicken lassen. Auch dabei hin und wieder umrühren.

4 In der Zwischenzeit die Pilze putzen und, falls nötig, mit Küchenpapier trocken abreiben. Die Pilze hacken, unter die Hirse rühren und 3 Minuten mitgaren, dabei regelmäßig rühren. Den Herd ausschalten und die Hirse mit geschlossenem Deckel 3 Minuten quellen lassen.

5 Die Petersilie waschen, trocken schütteln, die Blätter abzupfen und fein hacken. Den Käse fein reiben und mit der gehackten Petersilie unter die Hirse rühren. Den Hirsotto mit Meersalz und Pfeffer abschmecken und zu einem großen, bunten Salat servieren.

Der Alkohol im Wein *verdampft gänzlich. Wer dennoch darauf verzichten möchte, wird auch ohne Alkohol mit dem Hirsotto glücklich sein! Dann einfach entsprechend mehr Fond oder Brühe verwenden.*

Anders *als sonst, weiche ich Hirse hier vorab nicht ein, denn das Gericht wird so – und durch das vielfache Rühren – noch cremiger. Hirsotto ist in knapp 30 Minuten fertig und steht einem gewöhnlichen Risotto geschmacklich in nichts nach!*

Türkisches Ratatouille mit Hirsepilaw

Vegan

Für jeweils 4 Portionen als Beilage

Für das Hirsepilaw:

200 g Hirse
1 Zwiebel
1 EL Olivenöl
4 EL Mandelblättchen
1 Msp. Zimtpulver
Meersalz

Für das Ratatouille:

2 Auberginen
Meersalz
2 Zucchini
800 g frische Tomaten oder Tomaten aus der Dose
1 Zwiebel
3 EL Rosinen
2 EL getrockneter Oregano
½ TL Zimtpulver
Pfeffer aus der Mühle
2 Knoblauchzehen
2 EL Tomatenmark
½ Bund Petersilie
2 EL Olivenöl

1 Für das Pilaw die Hirse waschen, mit der doppelten Menge Wasser bedecken und mindestens 2 Stunden einweichen.

2 Für das Ratatouille die Auberginen waschen, ohne Enden in Scheiben schneiden und 30 Minuten in Salzwasser einlegen, damit sie die Bitterstoffe verlieren.

3 In der Zwischenzeit den Backofen auf 180 °C Umluft (200 °C Ober-/Unterhitze, Gas: Stufe 3) vorheizen. Zucchini und frische Tomaten waschen und ohne Stielansatz in Scheiben schneiden. Die Zwiebel schälen und in grobe Stücke schneiden. Die Auberginen abgießen, mit Küchenpapier trocken tupfen und mit dem übrigen Gemüse sowie den Rosinen in einer Auflaufform verteilen. Mit Oregano, Zimt, Meersalz und Pfeffer würzen.

4 Den Knoblauch schälen und fein reiben. Das Tomatenmark mit 150 ml heißem Wasser und dem geriebenen Knoblauch verrühren, dann über die Zutaten in der Form gießen. Alles vermengen und im Ofen 50 Minuten garen, dabei gelegentlich umrühren.

5 Währenddessen für den Pilaw die Hirse in einem Sieb gründlich abspülen und abtropfen lassen. Die Zwiebel schälen und in feine Würfel schneiden. Das Olivenöl in einem beschichteten Topf erhitzen und die Zwiebelwürfel darin glasig dünsten. Die Mandelblättchen dazugeben und leicht bräunen. Zimt, Hirse und 700 ml Wasser einrühren. Die Hirse salzen und zugedeckt 10 Minuten garen. Anschließend das Getreide 5 Minuten ausquellen lassen.

6 Vor dem Servieren die Petersilie waschen, trocken schütteln und die Blätter grob hacken, mit dem Olivenöl unter das Ratatouille mischen.

1 Std. Zubereitungszeit + 2 Std. Einweichzeit

Mit dem Gericht *harmonieren gebratener Halloumikäse oder gebratenes Fleisch (in guter Qualität). Ich empfehle, dafür dieselbe Pfanne zu verwenden und das Gemüse in der einen, Käse oder Fleisch in der anderen Pfannenhälfte anzubraten, sodass das Gericht zusätzlich vom Brataroma profitiert. Zum Fleisch passt eine Mischung aus Zimtpulver, frisch geriebener Muskatnuss, Piment- und Kardamompulver zu gleichen Teilen.*

Übrige Zitrone *kann man prima einfrieren und die Schale der Frucht so ein anderes Mal weiter abreiben und verwenden.*

Mild-würziger Paprikabulgur

Vegan

Für 4 Portionen

160 g Buchweizenbulgur

Meersalz

1 gestrichener TL Zimtpulver

2 rote oder gelbe Paprikaschoten

2 Schalotten

1 TL mildes Kokosöl, Avocado- oder Olivenöl

1 TL fein gehackte Chilischote (optional)

2 TL abgeriebene Bio-Zitronenschale

2–4 EL fein gehackte Petersilie

Pfeffer aus der Mühle

1 Buchweizenbulgur mit der doppelten Menge Wasser aufkochen und bei mittlerer Hitze 2 Minuten köcheln lassen.

2 Den Topf vom Herd nehmen, 1 gestrichenen TL Meersalz und das Zimtpulver unterrühren. Den Bulgur im Topf mit geschlossenem Deckel 15 bis 20 Minuten ausquellen lassen.

3 In der Zwischenzeit die Paprikaschoten längs halbieren, entkernen, waschen und sehr fein hacken. Die Schalotten schälen und in feine Würfel schneiden.

4 Das Öl in einer beschichteten Pfanne erhitzen und die Schalottenwürfel darin andünsten. Die Paprikastücke und nach Belieben die fein gehackte Chilischote dazugeben und anbraten.

5 Den gequollenen Bulgur mit der Zitronenschale und der gehackten Petersilie mitgaren. Alles gut verrühren und mit Meersalz und Pfeffer abschmecken. Den Joghurt glatt rühren und ebenfalls mit Meersalz abschmecken.

6 Den Paprikabulgur auf Teller verteilen und nach Belieben mit 125 g Schafs- oder Ziegenjoghurt servieren.

Anstelle von Buchweizenbulgur lassen sich auch Dinkelbulgur oder -couscous auf dieselbe Art verwenden.

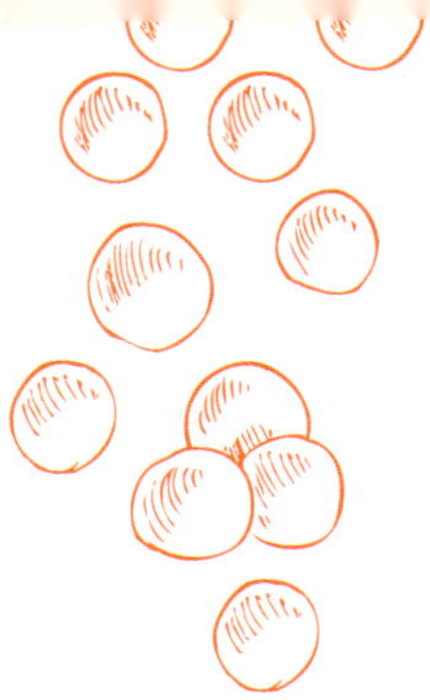

Inhaltsstoffe von Hülsenfrüchten werden dann am besten aufgenommen, wenn Joghurt oder Vitamin C dazu eingenommen werden. Vitamin C kann durch frische Zitrone oder Orange über dem Gericht oder im Getränk, aber auch durch frische Paprikaschoten als Knabberei ins Spiel kommen.

Rote-Linsen-One-Pot mit Spinat

Vegan

Für 4 Portionen

160 g rote (oder gelbe) Linsen
1 mittelgroße Zwiebel
1 TL mildes Kokosöl, Avocado- oder Olivenöl
1 Knoblauchzehe
1 Msp. gemahlener Kreuzkümmel
1 Msp.–½ TL gemahlener Koriander
1 Msp. Currypulver (alternativ zu gleichen Teilen gemahlener Kardamom, gemahlener Piment, geriebene Muskatnuss und Cayennepfeffer oder Chilipulver)
1 TL geriebener Ingwer
1 Msp. Bourbon-Vanillepulver
½ TL gemahlene Kurkuma
220 g frischer Blattspinat
(oder 180 g tiefgekühlter Blattspinat)
Meersalz oder gekörnte Brühe

1 Die Linsen in einer Schüssel mit Wasser bedecken, mit einem Löffel umrühren und das Wasser abgießen. Diesen Vorgang etwa viermal wiederholen, bis das Wasser fast klar abläuft. Die Linsen in einem Sieb abtropfen lassen.

2 Die Zwiebel schälen und in feine Würfel schneiden. Das Öl in einem beschichteten Topf erhitzen und die Zwiebelwürfel darin bei mittlerer Hitze glasig dünsten. Knoblauch schälen, reiben und kurz mitdünsten. Den Kreuzkümmel, den Koriander und das Currypulver hinzufügen, den Topf vom Herd nehmen und die Zwiebel-Gewürz-Mischung mit dem Kochlöffel noch ½ Minute rühren. Die Gewürzmischung in eine Schüssel geben und beiseitestellen.

3 Die Linsen mit ½ l Wasser in den Topf geben, Ingwer, Vanille und Kurkuma hinzufügen. Alles (ohne Salz) zum Kochen bringen und die Linsen zugedeckt bei schwacher bis mittlerer Hitze nach Packungsanweisung garen.

4 Inzwischen den frischen Spinat verlesen, waschen und trocken schleudern, grobe Stiele entfernen. Die beiseitegestellte Gewürzmischung unter die weichen Linsen rühren, alles mit etwa ½ TL Salz oder 1 TL Brühe abschmecken und zuletzt den frischen Spinat untermischen. Den tiefgekühlten Blattspinat unaufgetaut unter die fertigen Linsen mischen und 3 bis 5 Minuten miterhitzen.

5 Nach Belieben ½ TL edelsüßes Paprikapulver in einer Pfanne in 1 TL Olivenöl erwärmen, über 200 g Schafsjoghurt träufeln und den Joghurt zum One-Pot servieren.

Linsengerichte

sind toll für spontanes Kochen, denn die Einweichzeit entfällt und durch den hohen Ballaststoffgehalt halten sie wunderbar lange satt. Obwohl rote Linsen geschält sind, liefern sie hochwertiges Eiweiß, eine Vielzahl an Vitaminen und Mineralstoffen.

Lunch Bowl mit Kräutergetreide
Lunch Bowl mit Safranhirse
Lunch Bowl mit Gewürzquinoa

Lunch Bowl mit Kräutergetreide

Für 1 Portionen
50 g Halloumi-Grillkäse von Schaf oder Ziege
½ TL Olivenöl
1 Handvoll Wildkräutersalat
1 kleine Möhre
5 Cocktailtomaten
1 EL Zitronensaft
½ Avocado
1 Portion Kräutergetreide (s. Rezept unten)
1 Portion gebackener Fenchel
Meersalz (s. Rezept unten)
Pfeffer aus der Mühle

1 Den Halloumi würfeln und in einer beschichteten Pfanne im Olivenöl kurz rundum anbraten.

2 Inzwischen den Salat verlesen, waschen und trocken schleudern. Möhre und Tomaten waschen. Die Möhre mit einem Spiral- oder Julienneschneider in Spaghetti, alternativ in dünne Scheiben schneiden und mit ½ EL Zitronensaft vermengen. Die Avocado schälen und in die Innenseite würfelartig einschneiden.

3 Den Wildkräutersalat in einer Schüssel verteilen. Darauf kreisrund das Kräutergetreide, den gebackenen Fenchel, Möhrenspaghetti, Cocktailtomaten und die halbe Avocado platzieren. Halloumiwürfel in die Mitte geben. Mit Meersalz und Pfeffer würzen und mit ein paar Tropfen Zitronensaft beträufelt genießen.

Kräutergetreide für 4 Personen
240 g Getreide (Nackthafer, Dinkel oder Gerste)
Salz
1 Bund Minze
1 EL Olivenöl

1 Das Getreide waschen und wenn möglich etwa 8 Stunden einweichen.

2 Erneut waschen und je nach Getreidesorte in leicht gesalzenem Wasser bissfest garen, danach das Getreide abgießen, abtropfen und leicht abkühlen lassen. Die Minze hacken und mit Olivenöl unter das Getreide mischen.

Im Ofen gebackener Fenchel für 4 Personen
2 Fenchelknollen
1 EL Ahornsirup oder Reissirup
2 EL Olivenöl
1 TL gehackter Thymian
Meersalz
Pfeffer aus der Mühle

1 Den Ofen auf 180 °C Umluft (200 °C Ober-/Unterhitze, Gas: Stufe 3) vorheizen. Den Fenchel putzen, waschen, halbieren und den harten Strunk entfernen. Die Knollenhälften in Scheiben schneiden.

2 In einer Schüssel Sirup, Olivenöl und Thymian vermischen und die Fenchelscheiben damit beidseitig auf einem Backblech oder in einer Auflaufform bepinseln. Den Fenchel mit Meersalz und Pfeffer würzen und im Ofen etwa 15 Minuten backen, dabei darauf achten, dass die dünnen Enden nicht schwarz werden.

Kräutergetreide: 8 Std. Einweichzeit + variable Garzeit | Gebackener Fenchel: 20 Min. Zubereitungszeit

Lunch Bowl mit Safranhirse

Vegan

Für 1 Portion (s. Foto S. 78)

120 g Brokkoli
80 g grüne Bohnen
½ TL frisches oder getrocknetes gehacktes Bohnenkraut
1 TL gehackter Kerbel (optional)
Meersalz
½ TL Olivenöl (optional)
½ Orange
1 Portion Safranhirse
3 EL Hummus (Rezept s. S. 60)
½ TL schwarze Sesamsamen
Pfeffer aus der Mühle

1 Die grünen Bohnen putzen, waschen und von den Enden befreien. Den Brokkoli waschen, in Röschen teilen und mit den Bohnen im Dampfgareinsatz etwa 5 Minuten bissfest garen. Die Bohnen mit Bohnenkraut, nach Belieben auch Kerbel, Meersalz und Olivenöl vermischen. Die Orange filetieren.

2 Safranhirse, gewürzte grüne Bohnen, Brokkoli und Orangenfilets in einer Schüssel kreisrund anordnen. Hummus in die Mitte geben und darüber schwarzen Sesam streuen. Mit Meersalz und Pfeffer würzen und genießen.

Safranhirse für 4 Personen

240 g Hirse
400 ml Gemüsebrühe (s. S. 16)
¼ TL geriebener Safran (s. S. 38)
¼ TL gemahlener Kardamom
½ TL Zimtpulver
3 Wacholderbeeren
Meersalz

1 Die Hirse waschen, mit der doppelten Menge Wasser bedecken und wenn möglich 2 Stunden einweichen lassen.

2 Die Körner erneut waschen, auf einem Sieb abtropfen lassen und mit Gemüsebrühe und den übrigen Gewürzen zum Kochen bringen. Je nach Salzgehalt der Brühe nachsalzen. Die Hirse zugedeckt 10 Minuten köcheln und 5 Minuten ausquellen lassen. Vor dem Verzehr die Wacholderbeeren entfernen.

Lunch Bowls *gleichen einem kleinen Büfett in einer Schüssel. Durch die Vielfalt schmecken die Aromen sensationell! Die einzelnen Komponenten lassen sich ideal für mehrere Tage vorbereiten und immer wieder neu kombinieren. So koche ich gleich größere Mengen Getreide und verwahre es gekühlt in Schraubverschlussgläsern. Auch die gebackenen und gegarten Zutaten schmecken noch Tage später, kalt wie warm. So ist eine Lunch Bowl im Übrigen eine perfekte Mahlzeit für unterwegs.*

 Lunch Bowl: 15 Min. Zubereitungszeit | Hirse: 2 Std. Einweichzeit + 15 Min. Zubereitungszeit

Lunch Bowl mit Gewürzquinoa

Vegan

1 Die Kräuter verlesen, waschen und trocken schütteln. Paprika und Gurke waschen, Paprika in Würfel, Gurke in Scheiben schneiden.

2 Gewürz-Quinoa, Süßkartoffelwedges, gebackene Paprikabohnen, Paprikawürfel, Gurkenscheiben und Kräuter kreisrund in einer Schüssel anordnen. Geröstete Pinienkerne darauf verteilen und das Ganze mit Salz, Pfeffer und Limettensaft besprenkelt servieren.

Für 1 Portion (s. Foto S. 78)

1 Handvoll gemischte Kräuter (z.B. Oregano, Kerbel, glatte Petersilie)
½ gelbe Paprikaschote
½ rote Paprikaschote
1 Minigurke
1 Portion Gewürzquinoa
Süßkartoffelwedges aus ½ Süßkartoffel (Rezept wie Süßkartoffel-Pommes s. S. 53)
100 g gebackene Paprikabohnen
1 TL Pinienkerne (geröstet)
Meersalz
Pfeffer aus der Mühle
Saft von ½ Limette

1 Quinoa heiß waschen und in 800 ml leicht gesalzenem Wasser mit den Gewürzen zum Kochen bringen.

2 Die Hitze reduzieren und das Getreide bei geschlossenem Deckel 20 Minuten garen, dann 5 bis 10 Minuten quellen lassen. Vor dem Verzehr die Lorbeerblätter entfernen.

Gewürzquinoa für 4 Personen

240 g weiße Quinoa
¼ TL gemahlener Kreuzkümmel
2 Lorbeerblätter
Salz

1 Wenn Bohnen aus der Dose verwendet werden, diese in ein Sieb abgießen, waschen und abtropfen lassen.

2 Bohnen mit Paprikapulver vermischen und idealerweise zusammen mit anderem Gemüse wie den Süßkartoffelwedges bei 180 °C bis 190 °C Umluft 10 Minuten backen.

Gebackene weiße Bohnen für 4 Personen

300 g weiße Bohnen (vorgegart; frisch oder aus der Dose)
½ TL Paprikapulver (edelsüß)

Lunch Bowl: 15 Min. Zubereitungszeit | Quinoa: 35 Min. Zubereitungszeit | Bohnen: 15 Min. Zubereitugszeit

Spargelspaghetti

Für 4 Portionen

1 kg grüner Spargel
Meersalz
600 g Tomaten
1 Zwiebel
200 g Büffelmozzarella
2 EL Olivenöl
2 Knoblauchzehen
1 TL fein gehackter Rosmarin
1 TL getrockneter oder 2 TL frischer fein gehackter Thymian
2 TL getrockneter Oregano
2 EL Ziegenfrischkäse
160 g Dinkelspaghetti
Pfeffer aus der Mühle

1 Den Spargel waschen und im unteren Drittel schälen, die holzigen Enden abschneiden. Die Spargelspitzen etwa 4 cm hoch abschneiden und beiseitelegen. Mit dem Sparschäler die Stangen der Länge nach in Streifen schneiden, sie dürfen dabei ruhig unterschiedlich lang werden.

2 Für die Spaghetti in einem großen Topf ausreichend Salzwasser aufkochen. In der Zwischenzeit die Tomaten waschen, halbieren und in kleine Würfel schneiden, dabei die Stielansätze entfernen. Die Zwiebel schälen und in feine Würfel schneiden. Den Mozzarella ebenfalls in Würfel schneiden.

3 Das Olivenöl in einer großen, beschichteten Pfanne erhitzen und die Zwiebelwürfel darin bei mittlerer Hitze glasig dünsten. Die Spargelspitzen dazugeben und in der Pfanne wenden. Den Knoblauch schälen, in die Pfanne reiben und kurz mitdünsten. Die Tomatenwürfel mit Rosmarin, Thymian und Oregano dazugeben und den Ziegenfrischkäse einrühren.

4 Die Dinkelspaghetti in kochendem Salzwasser nach Packungsanweisung bissfest garen. Während die Spaghetti kochen, die Tomatensauce bei mittlerer Hitze 3 bis 4 Minuten garen, dabei regelmäßig umrühren und von Zeit zu Zeit insgesamt 3 bis 6 EL Nudelwasser abschöpfen und dazugeben, damit die Sauce nicht an Feuchtigkeit verliert. Erst jetzt die Sauce mit Salz und Pfeffer abschmecken, da auch das Kochwasser Salz mitbringt.

5 Die Spargelstreifen 2 Minuten vor Ende der Spaghettigarzeit dazugeben und mit den Nudeln garen. Dabei soll das Wasser nicht mehr kochen, sondern nur noch sieden. Die Spaghetti samt Spargel abseihen, dabei etwas Kochwasser auffangen. Spaghetti, Spargel und Mozzarellawürfel unter die Sauce heben. Weiteres Kochwasser nach Belieben untermischen.

6 Die Spargelbandnudeln auf Teller verteilen und servieren.

Bei Nudelgerichten *kommt der Gemüseanteil häufig zu kurz. Nicht aber in diesem Gericht, denn der Spargel überwiegt die Getreidespaghetti. Die Sauce ist simpel und schmeckt dabei wunderbar aromatisch.*

Helle Dinkelnudeln *sind ideal für Neueinsteiger. Wer möchte, mischt sie mit Dinkelvollkornnudeln oder wählt überhaupt die Vollkornvariante. Buchweizennudeln kochen nur 3 Minuten und schmecken fantastisch. Nudeln aus Hülsenfrüchten sind ebenfalls eine schöne Alternative.*

Bei Getreide-Nudelgerichten stelle ich gerne eine Schüssel Rohkost mit auf den Tisch oder wir knabbern schon beim Kochen an Kohlrabi, Möhren und Co. Das bringt den Stoffwechsel zusätzlich in Schwung.

Nudeln mit schneller Gemüsesauce

Vegan

Für 4 Portionen

800 g frisches oder tiefgekühltes Gemüse (z.B. Erbsen, Prinzessbohnen, Brokkoli, Blumenkohl)
500 g Dinkel-, Buchweizen- oder Linsennudeln • Meersalz • 2 Schalotten
1 EL Avocado- oder Olivenöl
1 Knoblauchzehe
400 ml Mandelmilch
Pfeffer aus der Mühle
4 EL fein gehackter Basilikum

1 Das Gemüse je nach Sorte ggf. putzen und waschen und in mundgerechte Stücke schneiden. Die Nudeln in ausreichend kochendem Salzwasser nach Packungsanweisung garen. 4 Minuten (bei Tiefkühlgemüse 5 bis 7 Minuten) vor Ende der Garzeit das Gemüse hinzugeben und mitgaren. In der Zwischenzeit die Schalotten schälen und in feine Würfel schneiden. Nudeln und Gemüse in ein Sieb abgießen und abtropfen lassen.

2 Den Pastatopf zurück auf den Herd stellen, das Öl darin erhitzen und die Schalottenwürfel bei mittlerer Hitze glasig dünsten. Den Knoblauch schälen, hineinreiben und kurz mitdünsten. Mit der Mandelmilch aufgießen, alles noch einmal aufkochen und mit Meersalz und Pfeffer abschmecken.

3 Die Nudeln und das Gemüse mit dem Basilikum unter die Sauce heben, nach Belieben 80 g Schnittkäse von Ziege oder Schaf hineinreiben und ebenfalls unterheben. Die Nudeln mit der Sauce auf Teller verteilen und servieren.

Dies *ist eines meiner „To-go"-Rezepte, wenn der Kühlschrank leer und die Zeit knapp ist. Das Gemüse habe ich für solche Fälle im Tiefkühlfach stets parat. Durch das Schockgefrieren ist der Nährstoffanteil von TK-Obst und -Gemüse mitunter sogar höher als bei Frischware.*

Mandelmilch *ist übrigens ein phänomenaler Sahneersatz, wenn sie wie auf S. 20 beschrieben im Verhältnis 1:3 hergestellt wird.*

30 Min. Zubereitungszeit

Süßkartoffelspaghetti

Vegan

Für 4 Portionen

2–3 große Süßkartoffeln (ca. 900 g)

300 g Pilze (z.B. Shiitake, Austernpilze oder braune Champignons)

1 Zwiebel

400 ml Kokosmilch (aus der Dose)

Meersalz

4 Stängel Zitronengras

2 Knoblauchzehen

1 haselnussgroßes Stück Ingwer

Chilipulver oder Pfeffer aus der Mühle

Außerdem:

Julienne- oder Spiralschneider

1 Die Süßkartoffeln gründlich waschen, nach Belieben schälen und mit dem Julienne- oder dem Spiralschneider in spaghettiähnliche Fäden schneiden. Die Pilze putzen, falls nötig, mit Küchenpapier trocken abreiben und in mundgerechte Stücke hacken. Die Zwiebel schälen und in feine Würfel schneiden.

2 Vom festen Anteil der Kokosmilch 1 EL in einer beschichteten Pfanne erhitzen und die Zwiebelwürfel darin bei mittlerer Hitze glasig dünsten. Die Pilze dazugeben und leicht salzen. Das Zitronengras waschen, der Länge nach halbieren und mitdünsten. Knoblauch und Ingwer schälen, in die Pfanne reiben und unter ständigem Rühren 1 bis 2 Minuten mitgaren. Die übrige Kokosmilch angießen. Die Sauce mit Chilipulver oder Pfeffer würzen und 10 bis 15 Minuten leicht köcheln lassen, damit das Zitronengras sein Aroma entfaltet.

3 Die Süßkartoffelspaghetti in einen Dampfgareinsatz geben. In einem großen Topf wenig Wasser zum Kochen bringen. Den Dämpfeinsatz hineinstellen und die Stücke mit geschlossenem Deckel bei mittlerer Hitze etwa 2 Minuten dämpfen. Alternativ die Süßkartoffeln 2 Minuten in siedendem Wasser garen, in ein Sieb abgießen und abtropfen lassen.

4 Das Zitronengras aus der Sauce entfernen. Die Süßkartoffelspaghetti unter die Sauce heben und mit Salz abschmecken.

5 Die Süßkartoffelspaghetti auf Tellern anrichten und nach Belieben mit Koriandergrün und Limette garniert servieren.

Süßkartoffelspaghetti *sehen nicht nur umwerfend aus, sie schmecken auch toll! Übrigens genauso zu einer einfachen Tomatensauce mit Knoblauch, Kapern und Oliven. Die Säure von Tomaten liebt die leichte Süße der Knollen!*

Statt mit Zitronengras *kann die Sauce auch mit Currypaste gewürzt werden.*

Dazu *passt geriebener Pecorino oder in kleine Würfel geschnittener Büffelmozzarella. Gebratene Garnelen sind eine Alternative für getrocknete Tomaten. Dafür 150 g Garnelen (ohne Kopf) schälen, putzen, waschen und trocken tupfen. 1 TL mildes Kokos- oder Avocadoöl in einer beschichteten Pfanne erhitzen und die Garnelen darin bei starker Hitze auf beiden Seiten anbraten. ½ Knoblauchzehe schälen, in die Pfanne reiben und kurz mitbraten. Die Garnelen erst jetzt mit einigen Tropfen Zitronensaft, Salz und Pfeffer würzen.*

Zucchinispaghetti mit Tomaten-Bohnen-Sauce

Vegan

Für 4 Portionen

4 mittelgroße Zucchini
800 g aromatische Tomaten
2 Knoblauchzehen
25–30 g getrocknete Tomaten (ohne Öl)
1 EL Avocado- oder Olivenöl
½–1 TL fein gehackter Rosmarin
½–1 TL fein gehackter Thymian
½ TL fein gehackter Oregano
1 TL Aceto balsamico
Meersalz
250 g weiße Bohnen (aus der Dose)
Pfeffer aus der Mühle
1 TL Ahorn- oder Reissirup
Basilikumblätter zum Garnieren

Außerdem:

Julienne- oder Spiralschneider

1 Die Zucchini putzen, waschen, von den Enden befreien und mit dem Julienne- oder Spiralschneider in spaghettiähnliche Fäden schneiden. Bei der Verwendung eines Julienneschneiders den weichen Innenteil der Zucchini hacken und beiseitestellen.

2 Die Tomaten waschen, halbieren und in kleine Würfel schneiden, dabei die Stielansätze entfernen. Den Knoblauch schälen und hacken oder reiben. Die getrockneten Tomaten fein hacken.

3 Das Öl in einem großen beschichteten Topf erhitzen und den Knoblauch darin bei mittlerer Hitze kurz andünsten. Die Tomatenwürfel (und ggf. das fein gehackte Innere der Zucchini) dazugeben. Die Sauce mit Rosmarin, Thymian, Oregano, Aceto balsamico, Meersalz und getrockneten Tomaten würzen und mit geschlossenem Deckel mindestens 10 Minuten leise köcheln lassen.

4 Die Bohnen auf einem Sieb abtropfen lassen und auf einem Schneidebrett mit einer Gabel zu einer sämigen Masse zerdrücken. Den Bohnenbrei in die Tomatensauce rühren. Das Ganze mit Meersalz und Pfeffer abschmecken. Je nach Säuregrad der Tomaten etwas Ahorn- oder Reissirup dazugeben.

5 Die Zucchinispaghetti auf die Sauce legen und mit geschlossenem Deckel bei mittlerer Hitze 3 Minuten garen, sie sollten noch Biss haben.

6 Die Zucchinispaghetti mit der Sauce vermischen, auf Tellern anrichten und mit Basilikumblättern garniert servieren.

Wer sich für Bohnen aus der Dose entscheidet, sollte darauf achten, dass nur Bohnen, Wasser und ggf. Salz enthalten sind.

Wer möchte, kocht zusätzliche Dinkelspaghetti und mischt sie unter.

Gebratener Fisch mit Kokos-Gemüse-Püree

Für 4 Portionen
600 g mehligkochende Kartoffeln oder lila Süßkartoffel mit hellem Inneren
400 g Pastinaken
4 Fischfilets (à 150 g, ohne Haut; z.B. Lachs)
Meersalz
400 ml Kokosmilch
frisch geriebene Muskatnuss
Pfeffer aus der Mühle

1 Die Kartoffeln oder Süßkartoffeln schälen, Pastinaken putzen, beides waschen. Das Gemüse in Würfel schneiden und in den Dampfgareinsatz geben. In einem großen Topf wenig Wasser zum Kochen bringen. Den Dämpfeinsatz hineinstellen und die Stücke mit geschlossenem Deckel bei mittlerer Hitze etwa 10 Minuten weich garen.

2 In der Zwischenzeit den Fisch waschen und trocken tupfen, auf Gräten prüfen und vorhandene ziehen. Die Filets mit Meersalz würzen. 1 EL des festen Kokosmilchanteils in einer Pfanne erhitzen und die Filets darin auf beiden Seiten anbraten.

3 Währenddessen die weichen Kartoffeln oder Süßkartoffeln sowie die Pastinaken mit dem Kartoffelstampfer zu Püree zerdrücken. Die restliche Kokosmilch in einem beschichteten Topf erhitzen und das Gemüsemus einrühren. Mit 2 Prisen Muskatnuss und Meersalz abschmecken.

4 Den Fisch nach Belieben auf Küchenpapier abtropfen lassen. Das Püree auf Teller verteilen, die Fischfilets auflegen und mit Pfeffer bestreut servieren.

Das Püree *schmeckt bei gleicher Zubereitung auch hervorragend, wenn man die Pastinaken durch Möhren ersetzt und anstelle der Kokosmilch 400 ml Mandelmilch verwendet.*

Helle Süßkartoffeln *mit lila Schale bekommt man im Asia laden. Sie schmecken milder und nicht so süß, sind aber nährstoffreicher als Kartoffeln. Tatsächlich erhielten Süßkartoffeln vom CSPI (Center for Science in the Public Interest) die Bezeichnung „nährstoffreichste Gemüsesorte".*

Üblicherweise *gewinnt Püree durch Kuhmilch und Butter den cremigen Geschmack. Stattdessen Kokosmilch zu verwenden, mag erst einmal seltsam klingen, aber mit dem gebratenen Fisch harmoniert das Püree perfekt!*

Dieses Essen gehört zu meinen Lieblingsgerichten mit Fisch und ist rasch zubereitet. Bei der Verwendung von Fisch ist es wichtig, dass roher Fisch zwar gerne nach Meer und Algen, aber nicht fischig riecht, da sich die für uns wichtigen Omega-3-Fettsäuren dann negativ verändert haben und der Fisch dann nicht mehr frisch ist.

Gedünsteter Kabeljau mit Dinkel, Gemüse und Safran

Für 4 Portionen

300 g Dinkel
Meersalz
800 g gemischtes Gemüse (z.B. Möhre, Fenchel, Pastinake, Spitzkohl, gelbe Paprikaschote, tiefgekühlte Erbsen oder Brokkoliröschen)
1 Zwiebel
1 TL mildes Kokos- oder Avocadoöl
2 Knoblauchzehen
½ l Mandelmilch
1–2 TL geriebener Ingwer
1½–2 TL gemahlener Quendel (s. S. 16) oder fein gehackter Thymian
2 Msp. Safranpulver (s. S. 38)
Pfeffer aus der Mühle
400 g Kabeljaufilet (ohne Haut)

1 Wenn möglich, am Vorabend den Dinkel mit der doppelten Menge Wasser bedecken und über Nacht 10 Stunden einweichen. Ansonsten den Dinkel uneingeweicht verwenden.

2 Am Folgetag den Dinkel in ein Sieb abgießen, mit heißem Wasser gründlich abspülen und abtropfen lassen. Den Dinkel mit der dreifachen Menge leicht gesalzenem Wasser in einem beschichteten Topf bei mittlerer Hitze aufkochen und mit geschlossenem Deckel 25 Minuten leise köcheln lassen.

3 In der Zwischenzeit das Gemüse je nach Sorte putzen, bei Bedarf schälen, waschen und in mundgerechte Stücke schneiden.

4 Die Zwiebel schälen und in feine Würfel schneiden. Das Öl in einem großen Topf erhitzen und die Zwiebelwürfel darin bei mittlerer Hitze glasig dünsten. Den Knoblauch schälen, in den Topf reiben und kurz mitdünsten. Die festeren Gemüsesorten wie Möhre, Pastinake oder Fenchel zuerst hinzugeben und unter Rühren 2 Minuten anrösten.

5 Das Gemüse mit der Mandelmilch ablöschen, Ingwer, Quendel und Safran hinzufügen und das Ganze mit Meersalz und Pfeffer würzen. Das Gemüse mit geschlossenem Deckel bei mittlerer Hitze 5 bis 7 Minuten garen.

6 Währenddessen den fertigen Dinkel in ein Sieb abgießen und abtropfen lassen. Das Kabeljaufilet waschen, mit Küchenpapier trocken tupfen und in Würfel schneiden.

7 Die weicheren Gemüsesorten wie Spitzkohl, Paprika und Erbsen oder Brokkoli unter das restliche Gemüse mischen, den Fisch darauflegen und leicht salzen. Das Ganze mit geschlossenem Deckel bei schwacher bis mittlerer Hitze weitere 4 Minuten vorsichtig köcheln. Den abgetropften Dinkel unter die Fisch- und Gemüsepfanne heben. Das Gericht ein letztes Mal aufkochen, dann auf Tellern oder in Schüsseln anrichten.

Alternativ zum Dinkel kann Gerste oder Quinoa verwendet werden.

Den Dinkel *schon morgens nebenbei kochen, alles weitere geht schnell.*

40 Min. Zubereitungszeit + 10 Std. Einweichzeit

Lachs mit Gerstengraupen und Erbsengemüse

Für 4 Portionen

160 g Gerstengraupen oder Rollgerste
Meersalz
400 g Lachsfilet (ohne Haut)
1 TL abgeriebene Bio-Zitronenschale
2 Handvoll Zuckerschoten oder tiefgekühlte Erbsen
2 große Handvoll Blattspinat
1 Zwiebel
½ Bund Dill
2 TL mildes Kokos- oder Avocadoöl
2 Knoblauchzehen
1 haselnussgroßes Stück Ingwer
Saft von ½–1 Zitrone
Pfeffer aus der Mühle
2 EL Olivenöl

1 Am Vorabend die Gerste mit der doppelten Menge Wasser bedecken und über Nacht 10 Stunden einweichen lassen.

2 Am Folgetag die Gerste in ein Sieb abgießen, mit heißem Wasser gründlich abspülen und abtropfen lassen. Die Gerste mit der dreifachen Menge leicht gesalzenem Wasser in einem beschichteten Topf bei mittlerer Hitze aufkochen und mit geschlossenem Deckel 30 Minuten leise köcheln lassen.

3 In der Zwischenzeit den Lachs waschen, mit Küchenpapier trocken tupfen und in vier gleich große Stücke schneiden. Den Lachs salzen und mit der Zitronenschale einreiben.

4 Die Zuckerschoten putzen, waschen und den Stielansatz abschneiden. Den Blattspinat verlesen, waschen und abtropfen lassen. Die Zwiebel schälen und in feine Würfel schneiden. Den Dill waschen, trocken schütteln und klein zupfen, einige schöne Spitzen für die Garnitur beiseitelegen.

5 In einer beschichteten Pfanne übriges Öl erhitzen und den Lachs darin auf beiden Seiten erst scharf, dann bei mittlerer Hitze anbraten.

6 Währenddessen in einer zweiten beschichteten Pfanne das restliche Kokosöl erhitzen und die Zwiebelwürfel darin bei mittlerer Hitze glasig dünsten. Knoblauch und Ingwer schälen, in die Pfanne reiben und kurz mitdünsten. Die Zuckerschoten hinzufügen und unter Rühren 2 Minuten dünsten.

7 Die Gerste in ein Sieb abgießen, abtropfen lassen und unter die Zuckerschoten mischen. Das Ganze erhitzen und mit Zitronensaft, Meersalz und Pfeffer abschmecken. Spinat und Dill unterheben. Den Lachs aus der Pfanne nehmen und auf einem Teller beiseitestellen. Das Gerstengemüse in die Lachspfanne geben, kurz in dessen Röstaroma schwenken und mit dem Olivenöl beträufeln. Das Gerstengemüse auf Tellern anrichten, den Lachs darauflegen und mit dem restlichen Dill garniert servieren.

Hähnchen mit Belugalinsen auf Gemüse

Für 4 Portionen

600 g Möhren
200 g Gemüsezwiebeln oder Schalotten
5 Knoblauchzehen
4 Hähnchenkeulen (à ca. 200 g)
1 TL mildes Kokosöl
abgeriebene Schale von ½ Bio-Zitrone
Meersalz
125 ml Weißwein
1 EL Olivenöl
je 1 TL fein gehackter Rosmarin, Thymian und Majoran
½ TL fein gehacktes Bohnenkraut
Pfeffer aus der Mühle
100 ml Gemüsefond oder -brühe
200 g Belugalinsen
350 g Prinzessbohnen
frischer Majoran zum Garnieren

1 Den Backofen mitsamt einer großen Auflaufform oder einem Bräter auf 180 °C Umluft (200 °C Ober-/Unterhitze, Gas: Stufe 3) vorheizen. Inzwischen die Möhren putzen, waschen und in 0,5 cm dünne Scheiben schneiden. Die Gemüsezwiebeln oder Schalotten schälen und in grobe Würfel schneiden. Den Knoblauch ebenfalls schälen und in Scheiben schneiden.

2 Das Fleisch waschen, mit Küchenpapier trocken tupfen und mit Kokosöl, Zitronenschale und Meersalz einreiben. Gemüsefond oder -brühe und den Wein in einem Topf aufkochen.

3 Die heiße Form oder den Bräter aus dem Ofen nehmen. Möhren, Zwiebeln oder Schalotten und Knoblauch hineingeben und mit Olivenöl und Kräutern mischen, dann mit ausreichend Meersalz und Pfeffer würzen. Die eingeriebenen Hähnchenkeulen darauflegen und mit der heißen Weinmischung übergießen. Alles im Ofen auf der mittleren Schiene 30 Minuten garen, nach 15 Minuten einmal verrühren und mit dem Fleisch obenauf weitergaren.

4 In der Zwischenzeit die Belugalinsen waschen, mit der zweifachen Menge Wasser (ohne Salz) in einem beschichteten Topf bei mittlerer Hitze aufkochen und mit geschlossenem Deckel 20 Minuten leise köcheln lassen. Die Linsen abgießen und mit Meersalz würzen. Die Prinzessbohnen putzen, waschen und in einem weiteren Topf etwa 5 Minuten knackig, aber gar kochen.

5 Das Fleisch aus der Form nehmen und auf einem Teller beiseitestellen. Die gegarten Belugalinsen sowie die Prinzessbohnen unter das gegarte Gemüse mischen. Das Fleisch erneut auf das Gemüsebett legen. Die Keulen mit etwas Flüssigkeit benetzen, falls sie trocken wirken. Alles weitere 15 Minuten im Backofen garen. Damit das Fleisch schön braun wird, bei Bedarf in den letzten 5 Minuten den Backofen auf Oberhitze umstellen.

6 Das Gericht mit frischem Majoran garnieren und direkt in der Form servieren.

Qualitativ hochwertiges Hühnerfleisch, das nicht aus der Massentierhaltung, sondern im Gegenteil aus artgerechter Freilandhaltung stammt, ist gar nicht so leicht zu bekommen. Auf dieses Gericht freuen wir uns, wenn der Marktstand meines Vertrauens frisches Huhn ankündigt. Zwischendurch schmeckt das Gericht auch ohne Fleisch wirklich aromatisch!

Amarant-Fleischbällchen

Für 4 Portionen
60 g Amarant
1 Zwiebel
4 Knoblauchzehen
1 EL Avocado- oder Olivenöl
500 g mageres Rinder- oder Lammhackfleisch
3 TL Kapern
1–2 TL mittelscharfer Senf
2 TL getrockneter Majoran
Meersalz
Pfeffer aus der Mühle
2–4 EL Mehl (z.B. Dinkelvollkorn- oder Teffmehl)

1 Am Vorabend den Amarant in einer Schüssel oder im Topf mit der doppelten Menge Wasser bedecken und über Nacht 8 Stunden einweichen lassen.

2 Am Folgetag den Amarant in einem feinen Sieb gründlich abspülen und abtropfen lassen. Den Amarant im Topf mit 170 ml Wasser zugedeckt 30 Minuten köcheln lassen. Dann das Getreide kurz ausdampfen und abkühlen lassen.

3 Die Zwiebel schälen und in feine Würfel schneiden. Den Knoblauch schälen und reiben. Die Zwiebelwürfel in einem Topf im Öl bei schwacher Hitze 4 Minuten dünsten. Den Knoblauch dazugeben und 1 Minute mitdünsten. Den Backofen auf 180 °C Umluft (200 °C Ober-/Unterhitze, Gas: Stufe 3) vorheizen.

4 Das Hackfleisch mit Amarant, Zwiebel, Knoblauch, Kapern, Senf und Majoran vermischen und die Masse mit Meersalz und Pfeffer würzen. Ist die Masse zu feucht, etwas Mehl hinzufügen. Mit einem Teelöffel kleine Mengen abstechen und mit leicht angefeuchteten Händen zu Bällchen formen. Auf einem mit Backpapier ausgelegten Backblech verteilen und im Ofen auf der mittleren Schiene etwa 20 Minuten braun backen.

5 Als Beilage zu den Amarant-Fleischbällchen passen der Gurken-Radieschen-Salat unten auf dieser Seite und Mandelmilch-Gemüse-Püree (Tipp S. 88).

Quinoa ist eine gute Alternative zum Amarant, die Kochdauer beträgt dann nur 20 Minuten.

Gurken-Radieschen-Salat

Vegan

Für 4 Portionen
1–2 Salatgurken
Meersalz
2 Radieschen
6 EL fein geschnittene Dillspitzen
3–4 EL Apfelessig

1 Die Gurken waschen und mit Schale in dünne Scheiben schneiden oder hobeln. Die Gurkenscheiben in einem Sieb mit 2 großzügigen Prisen Meersalz mischen und darin über einer Schüssel 30 bis 60 Minuten abtropfen lassen.

2 Die Radieschen putzen, waschen und ohne die Enden in feine Scheiben schneiden oder hobeln. Die Gurkenscheiben mit der Hand auspressen, dann mit den Radieschen, dem Dill und dem Apfelessig in einer Schüssel mischen.

3 Den Gurken-Radieschen-Salat in der Schüssel oder auf Schälchen verteilt anrichten und mit Dillspitzen garniert zu den Fleischbällchen servieren.

Statt Radieschen passt auch geriebener Kohlrabi sehr gut.

 70 Min. Zubereitungs- + 8 Std. Einweichzeit | 10 Min. Zubereitungs- + 30 bis 60 Min. Ruhezeit

Lauchstrudel

Für 4 Portionen
Für den Teig:
100 g Dinkelvollkornmehl
100 g Dinkelmehl + etwas mehr zum Bestäuben
60 g Teffmehl (s. S. 11) oder mehr Dinkelmehl
1½ TL Weinstein-Backpulver oder Backpulver
¼ TL Meersalz
200 g Schafsjoghurt
Für den Belag:
2 Stangen Lauch (400 g)
1 TL mildes Kokosöl
1 Ei
60 g geriebener Schnitt- oder Hartkäse (von Schaf oder Ziege)
¼ TL Kümmelpulver
frisch geriebene Muskatnuss
Meersalz
Pfeffer aus der Mühle
1 TL mildes Kokosöl oder 1 Eigelb zum Bestreichen

1 Für den Teig die trockenen Zutaten und 1 Prise Salz mischen. Den Joghurt in eine Rührschüssel geben und die Mehlmischung mit den Knethaken des Handrührgeräts löffelweise einarbeiten, bis ein homogener, leicht klebriger Teig entstanden ist. Den Teig zugedeckt 30 Minuten kühl stellen.

2 Für den Belag den Lauch putzen, waschen und grob hacken. In einer Pfanne im Kokosöl bei mittlerer Hitze unter Rühren 5 Minuten garen. Den Lauch in einem Tuch auspressen, damit der Teig später keine Flüssigkeit saugt. Ei, Käse, Kümmel und 1 Prise Muskatnuss zu einer Paste verrühren und mit dem Lauch mischen. Mit Meersalz und Pfeffer würzen.

3 Den Backofen auf 180 °C Umluft (200 °C Ober-/Unterhitze, Gas: Stufe 3) vorheizen. Einen Bogen Backpapier auf der Arbeitsfläche mit Mehl bestäuben. Den Teig nochmals mit den Händen durchkneten, dann auf dem Backpapier mit dem leicht bemehlten Rollholz oder einer Flasche etwa 35 x 25 cm groß ausrollen. Auf dem mittleren Teil des Teigs die Lauchpaste der Länge nach verteilen. Die langen Teigseiten vom Backpapier lösen (überschüssiges Mehl grob vom Papier entfernen) und die Seiten mithilfe des Backpapiers überlappend zur Mitte hin einklappen. Die seitlichen Enden des Strudels ebenfalls zur Mitte hin umschlagen und mit einer Gabel leicht andrücken.

4 Den Strudel mit dem Backpapier auf ein Blech legen und mit Kokosöl oder verquirltem Eigelb einpinseln. Den Strudel im Ofen auf der mittleren Schiene 40 Minuten goldbraun backen. Mit Gurkensalat servieren.

Der Strudel schmeckt auch noch kalt am nächsten Tag sehr gut.

Wer qualitativen Kochschinken bekommt, kann 3 Scheiben davon mit in den Strudel wickeln.

Die Mühe für diese Lasagne lohnt! Mit ihr gewann ich den „Food Blog Award“ in der Kategorie „Bestes Rezept“. Nachdem ich per Telefon von der Nominierung erfahren hatte, tanzten meine damals zweijährige Tochter Claire und ich zusammen in der Küche um die Wette. Mein Blog war damals gerade ein Jahr alt und ich hatte ihn voller Herzblut aufgebaut. Mein Preis war eine Woche New York. Und diese war unvergesslich!

Best-of-Lasagne mit Linsen und Quinoa

Für 5–6 Portionen

50 g rote Quinoa
30 g gelbe oder rote Linsen
800 g–1 kg gemischtes Gemüse (z.B. 1 Fenchelknolle, 2–3 Möhren, 2 Stangen Staudensellerie, 50 g Erbsen und 1 Pastinake oder ½ Kohlrabi)
2 Zwiebeln
1 haselnussgroßes Stück Ingwer
3 Knoblauchzehen
1–2 EL mildes Kokos- oder Avocadoöl
130–250 g mageres Rinderhackfleisch
Meersalz
80 g Tomatenmark
je 1 TL fein gehackter Salbei, Rosmarin, Thymian und Oregano
½ TL Kurkumapulver
Pfeffer aus der Mühle
1 lange Zucchini (den äußeren, festen Teil mit dem Sparschäler in lange Streifen geschnitten) oder
5–6 Dinkellasagneblätter
50 g Ziegenfrischkäse
150 g geriebener Ziegenhartkäse (z.B. Gouda)
Basilikumblätter zum Garnieren

1 Quinoa und Linsen in einem Sieb gründlich heiß abspülen und abtropfen lassen. Beides mit 210 ml Wasser in einem beschichteten Topf bei mittlerer Hitze aufkochen und zugedeckt 25 Minuten köcheln lassen.

2 Das Gemüse je nach Sorte putzen, waschen bzw. schälen und in kleine Würfel schneiden. Zwiebeln schälen und in feine Würfel schneiden. Ingwer und Knoblauch schälen und beiseitelegen. Die Zwiebelwürfel in einem großen Topf in 1 EL Öl bei mittlerer Hitze glasig dünsten. Das Hackfleisch hinzufügen und bei starker Hitze anbraten, es sollte nicht in der eigenen Flüssigkeit garen. Mit Meersalz würzen. Das Gemüse dazugeben und alles bei mittlerer Hitze unter ständigem Rühren 3 Minuten leicht anrösten. Die Gemüse-Fleisch-Mischung im Topf zusammenschieben und auf die freie Stelle ½ TL Öl geben. Ingwer und Knoblauch hineinreiben, kurz andünsten, mit dem Gemüse mischen.

3 Das Tomatenmark unterrühren und bei Zucchinischichtung 200 ml Wasser, bei Schichtung mit Nudelblättern 330 ml Wasser angießen. Getrocknete Kräuter, Kurkuma und 1 Prise Meersalz hinzufügen und die Sauce zugedeckt etwa 10 Minuten garen, dabei gelegentlich umrühren. Backofen auf 180 °C Umluft (200 °C Ober-/Unterhitze, Gas: Stufe 3) vorheizen.

4 Die Quinoa-Linsen-Mischung unter die Sauce rühren. Für die Lasagneblätter sollte die Sauce relativ flüssig sein, ggf. weiteres Wasser angießen. Verwendet man Zucchini, darf die Sauce dagegen nicht zu flüssig sein. Die Sauce mit Salz und Pfeffer würzen und etwa 4 EL davon in einer Auflaufform (20 x 30 cm) verteilen. Ein Drittel der Zucchinischeiben oder Lasagneblätter einschichten und mit einer weiteren Schicht Sauce bedecken. Wieder Zucchinischeiben oder Lasagneblätter einschichten und so weiter verfahren, bis alles verbraucht ist, dabei mit einer Gemüse-Hackfleisch-Schicht abschließen.

5 Den Ziegenfrischkäse mit etwa 4 EL Wasser glatt rühren und auf der obersten Lasagneschicht verstreichen, darauf den Hartkäse verteilen. Die Lasagne im Ofen auf der mittleren Schiene nach Packungsanweisung der Lasagneblätter backen. Die Zucchini-Lasagne 15 bis 20 Minuten backen, bis der Käse eine schöne Farbe angenommen hat. Die Lasagne mit Basilikum garniert servieren.

 → ca. 1 Std. Zubereitungszeit

Wer möchte, kann die Lasagne auch ohne das Hackfleisch zubereiten – sie ist wunderbar aromatisch und kommt gut vegetarisch aus. Mein Mann möchte trotzdem nicht auf Fleisch verzichten, darum bereite ich sie mit 130 g Rinderhack zu.

Am besten gleich die doppelte Menge Lasagne zubereiten und portionsweise einfrieren!

Süsses & Gebäck

Mandel-Honig-Eis

Für 8 Portionen (à 2 Kugeln)
2 reife Bananen
½ l Mandelmilch
4 EL Mandelmus
Mark von 1 Vanilleschote oder
1 TL Bourbon-Vanillepulver
3–4 EL flüssiger Honig
Meersalz
Außerdem:
Eismaschine (optional)

1 Die Bananen schälen, in Stücke brechen und mit Mandelmilch, Mandelmus, Vanillemark oder -pulver, Honig und 2 großzügigen Prisen Meersalz im Standmixer oder mit dem Stabmixer zu einer homogenen Masse pürieren.

2 Die Masse in die Eismaschine füllen und das Eis nach Anleitung bis zur gewünschten Konsistenz gefrieren lassen. Alternativ die Masse in einer tiefkühlgeeigneten flachen Form (Frischhaltebox, Auflaufform, mit Folie ausgelegte Backform o. Ä.) glatt streichen und mit Frischhaltefolie abgedeckt im Tiefkühlfach etwa 4 Stunden gefrieren lassen. Dabei die Masse alle 30 Minuten mit der Gabel durchrühren, damit die sich bildenden Eiskristalle nicht zu groß werden und die Masse gleichmäßig gefriert.

3 Wenn die Eismasse beginnt fest zu werden, das Ganze noch einmal mit Honig oder Sirup abschmecken und dem eigenen Süßbedarf anpassen.

Ab über 39 °C *verliert Honig seine wertvollen Inhaltsstoffe. Daher verwende ich ihn nur in rohen Gerichten wie diesem Eis. Für eine vegane Variante empfiehlt sich Ahorn- oder Reissirup, wobei Letzterer weniger süßt, daher davon etwas mehr verwenden.*

Wenn die Eismasse *zu gefrieren beginnt, können weitere Zutaten untergemischt werden. Die Möglichkeiten sind vielfältig, bei uns sind folgende Varianten sehr beliebt:*

a) *Mohn (aber lieber nicht für Kleinkinder),*

b) *klein gehackte dunkle Chocolate Chips oder gehackte dunkle Schokolade (im Bio-Laden bekommt man sie mit Datteln oder Kokosblütenzucker gesüßt),*

c) *gemahlene und geröstete Mandeln; diese Variante ist auch in Kombination mit Mohn mein Favorit! Ich liebe diesen kleinen Biss, der ein wenig so ist, wie wenn man auf Kekskrümel beißt. Dafür 70 g leicht grob gemahlene Mandeln in der Pfanne ohne Öl rösten, auskühlen lassen und unterheben.*

 → 10 Min. Zubereitungszeit + 4 Std. Gefrierzeit

Diese Eissorten sind unglaublich lecker, einfach zuzubereiten und dabei zuckerarm!

Geschälte Hanfsamen machen Eis cremig und boosten mit Superfood-Inhaltsstoffen. Wenn ich mir an einem karibischen Strand ein Eis aussuchen dürfte, wäre es das Mango-Hanf-Eis!

Beereneis am Stiel

Vegan

Für 8 Stück
400 g frische oder tiefgekühlte Beerenmischung (z.B. Brombeeren, Himbeeren, Johannisbeeren, Blaubeeren, Erdbeeren)
50–100 ml ungesüßtes Kokoswasser oder milder Apfel- bzw. Traubensaft
2–3 EL getrocknete Maulbeeren
Außerdem:
8 Stieleis-Formen

1 Frische Beeren putzen bzw. verlesen und waschen. Tiefgekühlte Beeren antauen lassen. Das Obst mit Kokoswasser oder Saft (s. Tipp unten) und den Maulbeeren im Standmixer oder mit dem Stabmixer fein pürieren.

2 Die Masse in die Eisformen füllen und im Tiefkühlfach 3 bis 4 Stunden gefrieren lassen.

Maulbeeren sind ja so gesund: Sie enthalten neben Magnesium, Kalzium, Eisen und Folsäure die Vitamine A, C und E sowie wertvolle Proteine und Ballaststoffe.

Wenn statt Kokoswasser Apfel- oder Traubensaft in die Eismasse kommt, die Menge der Maulbeeren reduzieren, sonst wird das Eis zu süß.

Anstatt in Stieleis-Formen kann man die Masse auch in sauberen Joghurtbechern gefrieren lassen. Dann jeweils 1 Holzstäbchen in die Mitte stecken und mit etwas Alufolie fixieren, damit es mittig stecken bleibt.

Mango-Hanf-Eis

Vegan

Für 8 Portionen
2 reife Mangos
3 EL geschälte Hanfsamen (s. S. 15)
100 ml ungesüßtes Kokoswasser
1–3 EL Reis- oder Ahornsirup
Außerdem:
Eismaschine (optional)

1 Die Mangos schälen und das Fruchtfleisch vom Stein schneiden. Das Mangofruchtfleisch, die Hanfsamen und das Kokoswasser im Standmixer oder mit dem Stabmixer cremig pürieren. Die Mischung nach Belieben mit Reis- oder Ahornsirup abschmecken. Reife Mangos sind so süß, dass je nach Süßempfinden keine weitere Zugabe von Süßungsmitteln nötig ist.

2 Die Masse in eine Eismaschine füllen und das Eis nach Anleitung bis zur gewünschten Konsistenz gefrieren lassen. Alternativ wie im Rezept für Mandel-Honig-Eis (s. S. 100) beschrieben verfahren.

 → jeweils 10 Min. Zubereitungszeit + ca. 4 Std. Gefrierzeit

Getrocknete Maulbeeren

knuspern wie Erdnüsse. Beim ersten Versuch verzog meine Tochter damals das Gesicht, weil sie etwas Weiches erwartet hatte. Ich erklärte, sie müsse die Beeren kauen, dann schmecken sie wie Honig. Sie kaute und kaute und dann … dieses Lächeln! Je nachdem, wie hart die Maulbeeren sind, können sie ein paar Minuten in der Flüssigkeit eingeweicht werden.

Green-Smoothie-Eis *ist aus der Not heraus entstanden, denn die Früchte für unseren Morgen-Smoothie waren Claire und mir einmal viel zu süß. Da die Kälte von Eis Süße „schluckt“ und es also immer etwas süßer hergestellt werden muss als Getränke, kam der restliche Smoothie kurzerhand in die Eisform. Das Rezept lieben wir seither!*

Green-Smoothie-Eis am Stiel

Vegan

Für ca. 10 Stück

4 süße Orangen
2 süße Äpfel
2 Handvoll Blattspinat
4 EL reifes Avocadofleisch
2 TL Chia-Samen (s. S. 15)
100–200 ml ungesüßtes Kokoswasser oder Wasser

Außerdem:

10 Stieleis-Formen

1 Die Orangen schälen und in Stücke teilen. Die Äpfel waschen, vierteln und entkernen. Den Blattspinat verlesen und waschen, trocken schütteln und grobe Stiele entfernen.

2 Orangenstücke, Apfelviertel, Spinatblätter und Avocadofruchtfleisch mit den Chia-Samen und dem Kokoswasser im Standmixer oder mit dem Stabmixer cremig pürieren.

3 Die Masse in die Eisformen füllen und im Tiefkühlfach 3 bis 4 Stunden gefrieren lassen.

Frozen Joghurt mit Nektarinen

Für 8–10 Portionen

8 reife Nektarinen
1 Banane
125 g Ziegen- oder Schafsjoghurt
1 ½ EL geschälte Hanfsamen (s. S. 15) oder Mandel- bzw. Erdmandelmus
2–4 EL Honig

Außerdem:

Eismaschine (optional)

1 Die Nektarinen waschen, halbieren und entsteinen. Die Banane schälen und in Stücke brechen. 7 Nektarinen mit der Banane, dem Joghurt und den Hanfsamen oder dem Nussmus mit dem Stabmixer oder im Küchenmixer pürieren. Die Masse mit Honig abschmecken. Die restliche Nektarine in kleine Würfel schneiden und nach Belieben untermischen.

2 Die Masse in die Eismaschine füllen und das Eis nach Anleitung bis zur gewünschten Konsistenz gefrieren lassen. Alternativ wie im Rezept für Mandel-Honig-Eis (s. S. 100) beschrieben verfahren.

Anstelle von Nektarinen kann man für den Frozen Joghurt auch Erdbeeren, Kirschen oder Aprikosen verwenden. Die Menge des Honigs darf gerne entsprechend der Süße der Früchte angepasst werden.

Der Honig kann auch durch Ahorn- oder Reissirup ersetzt werden.

→ 10 Min. Zubereitungszeit + ca. 4 Std. Gefrierzeit

Statt Blattspinat *kann auch Blattsalat verwendet werden, und wer keine Avocado zu Hause hat, nimmt geschälte Hanfsamen oder Sonnenblumenkerne. Auch der grüne Smoothie von S. 24 ergibt ein leckeres Eis, wenn die Ananas sehr reif und süß ist.*

Cookies, die ohne viel Fett oder gewöhnlichen Zucker auskommen, sind für mich die Königsdisziplin des gesunden Backens. Lange habe ich Rezepte durchprobiert und mich letztlich an ein amerikanisches Rezept herangetastet, das meine Schwägerin als „das beste" aus ihrem einjährigen USA-Aufenthalt mitgebracht hat. Für diese Cookies – in gesünderer Variante – würde ich alles stehen lassen!

Sea-Salt-Chocolate-Chip-Cookies

Für 12–13 Stück

3 EL mildes Kokosöl (alternativ Butter)
20 g Kokosblütenzucker (s. S. 12)
Meersalz
1–2 Msp. Bourbon-Vanillepulver
2 TL Rum
1 TL Ahornsirup
1 Ei
50 g Dinkelmehl
20 g Teffmehl (s. S. 11) oder Dinkelvollkornmehl
1 Msp. Weinstein-Backpulver oder Backpulver
3 EL Zartbitter-Schokodrops

1 Den Backofen auf 180 °C Umluft (200 °C Ober-/Unterhitze, Gas: Stufe 3) vorheizen. Das flüssige Öl mit Kokosblütenzucker, 3 Prisen Meersalz, Vanillepulver, Rum und Ahornsirup in einer Schüssel mit einer Gabel gründlich mischen.

2 Das Ei unterrühren. Beide Mehlsorten sowie das Backpulver langsam hinzufügen und mit der Gabel klumpenfrei unterrühren. Zuletzt 2 ½ EL Schokodrops unter den Teig heben.

3 Ein Backblech mit Backpapier auslegen, mit einem Teelöffel kleine Portionen Keksteig abstechen und in gleichmäßigen Abständen auf das Backblech setzen. Die Teigportionen mit dem Löffel oder den Fingern grob in Form bringen und mit den restlichen Schokodrops bestreuen.

4 Die Kekse im Ofen auf der mittleren Schiene 10 bis 12 Minuten backen, dabei gut beobachten. Die Cookies sind fertig, wenn sie sich oben (und unten) leicht braun verfärben.

5 Die Kekse mit dem Backpapier vom Blech ziehen, 5 Minuten abkühlen lassen und noch warm oder ausgekühlt genießen. Die Küche duftet noch nach Stunden!

Vorsicht!

Backt man die Cookies für sich allein oder für zwei, würde ich nicht mehr als die angegebene Menge empfehlen, denn die Cookies überleben keinen Tag, da sie sofort vernascht werden! Ab der dritten Person die Teigmenge verdoppeln – die Cookies sind zu gut, um ihretwegen zu streiten.

Die Zartbitter-Schokodrops können auch durch gehackte, im Idealfall mit Kokosblütenzucker oder Datteln gesüßte dunkle Schokolade ersetzt werden.

Schoko-Flake-Pralinen

Vegan

Für 18 Stück
3 EL mildes Kokosöl oder Kakaobutter
50 g frische weiche oder eingeweichte Datteln (entsteint)
30 g geröstetes Haselnussmus (zum Selbstmachen s. S. 112) oder anderes Nussmus
30 g (Roh-)Kakaopulver
1 Msp. Bourbon-Vanillepulver
Meersalz
50 g ungesüßte Buchweizenflakes oder andere ungesüßte Vollkornflakes

1 Das Kokosöl oder die Kakaobutter vorsichtig schmelzen. Die Datteln mit einer Gabel zerdrücken (sie brauchen Zimmertemperatur).

2 Kokosöl oder die Kakaobutter, Datteln, Haselnussmus, Kakaopulver, Vanillepulver und 1 großzügige Prise Meersalz in einer Schüssel zu einer homogenen Masse verrühren. Die Buchweizenflakes mit den Händen zerbröseln und unter die Masse heben.

3 Ein Schneidebrett (das in das Tiefkühlfach passt) mit Backpapier belegen. Mit einem Teelöffel kleine Portionen Keksmasse abstechen und in gleichmäßigen Abständen auf das Brett setzen. Die Teigportionen mit dem Löffel oder den Fingern grob in Form bringen.

4 Die Kekse auf dem Brett 15 Minuten ins Tiefkühlfach stellen. Die Kekse anschließend bis zum Verzehr in einer Keksdose kühl aufbewahren – im Kühlschrank halten sie sich 1 Woche, im Tiefkühlfach mindestens 1 Monat.

Statt Datteln Ahorn-, Reis- oder Kokosblütensirup verwenden.

Ich empfehle, *gleich die doppelte Menge vorzubereiten und so immer eine „heilige Keksdose" im Tiefkühlfach zu haben. Die Kekse müssen vor dem Verzehr nicht mal aufgetaut werden.*

Für Nussallergiker *empfehle ich, anstelle vom Haselnussmus Erdmandelmus oder 2 EL geschälte Hanfsamen mit dem Buchweizen zu pürieren. 4 EL gerösteter Buchweizen können die Nussstücke ersetzen.*

15 Min. Zubereitungszeit + 15 Min. Kühlzeit

Schoko-Fudge

Vegan

Für 4 Portionen
160 g Buchweizen
4 EL Hasel- oder andere Nusskerne
100 g frische weiche Datteln (entsteint)
4 EL mildes Kokosöl
4 EL (Roh-)Kakaopulver
2 EL geröstetes Haselnussmus (zum Selbstmachen s. S. 112)
Meersalz

1 Den Buchweizen waschen, mit der doppelten Menge Wasser bedecken und 30 Minuten einweichen. In der Zwischenzeit die Nusskerne hacken, nach Belieben in einer Pfanne ohne Öl rösten und abkühlen lassen.

2 Den Buchweizen in einem Sieb gründlich abspülen, abtropfen lassen und im Hochleistungsmixer pürieren. Datteln, flüssiges Kokosöl, Kakaopulver, Haselnussmus und 2 guten Prisen Meersalz hinzufügen und alles erneut pürieren. Zuletzt die gehackten, gerösteten Nüsse für einige Sekunden mitmixen. Die Masse ist nun fest und mit den Händen formbar. Die Masse in eine Dose oder Auflaufform (etwa 16 x 20 cm) drücken, die zuvor mit Backpapier oder Frischhaltefolie ausgelegt wurde, und im Tiefkühlfach 20 Minuten erkalten lassen.

3 Den Schoko-Fudge mit Papier oder Folie aus der Dose heben, in Stücke schneiden und genießen. Er hält sich abgedeckt im Kühlschrank 5 Tage, im Tiefkühlfach mehrere Wochen. Er eignet sich super zum Snacken zwischendurch!

20 Min. Zubereitungszeit + 30 Min. Einweichzeit + 20 Min. Kühlzeit

Dattel-Schokoladen-Pralinés

Vegan

Für 14 Stück
100 ml mildes Kokosöl oder Kakaobutter (s. S. 121)
100 g frische weiche Datteln (entsteint)
30 g (Roh-)Kakaopulver oder je 15 g (Roh-)Kakao- und Lucumapulver (s. S. 16)
2 Msp. Zimtpulver • Salz
3–4 EL fein gehackte Pistazienkerne, Pekannusskerne, Soft-Gojibeeren oder natürlich gesüßte Cranberrys (optional)
Außerdem:
Mini-Gugelhupf-Silikonbackformen

1 Kokosöl oder Kakaobutter vorsichtig schmelzen. Die Datteln bei Zimmertemperatur mit einer Gabel zerdrücken, bis sie die Konsistenz von Karamell annehmen.

2 Kokosöl oder Kakaobutter, Datteln, Kakaopulver, Zimt und 1 Prise Salz in einer kleinen Schüssel verrühren. Gehackte Nusskerne oder fein gehackte Trockenbeeren untermischen. Sollte das Kokosöl oder die Kakaobutter dabei zu fest werden, die Schüssel kurz auf der Heizung oder im heißen Wasserbad erwärmen.

3 Nach Belieben Lucuma-„Karamell" herstellen. Dazu 3 TL Lucumapulver mit 2 TL flüssigem mildem Kokosöl oder mit Kakaobutter vermischen.

4 Etwas Lucuma-„Karamell" auf den Boden der Backformmulden geben. Die Kakaomasse darauf verteilen und glatt streichen. Die Dattel-Schokoladen-Pralinés kühl stellen – im Tiefkühlfach ist die Masse nach etwa 20 Minuten fest, im Kühlschrank nach etwa 1 Stunde.

5 Die Pralinés aus der Form lösen und gut verschlossen in einer Dose kühl aufbewahren. Falls nicht zuvor vernascht, halten sich die Pralinen im Kühlschrank 1 Woche, im Tiefkühlfach mindestens 1 Monat.

Diese Pralinés sind ein Gedicht! Lucuma hebt nicht nur den zusätzlichen Nährstoffinput, sondern mildert auch den Geschmack von Rohkakao, ähnlich wie Milch bei Milchschokolade.

Mit eingeweichten Datteln gelingt die Schokolade leider nicht, weil sich die Zutaten durch das verbliebene Wasser nicht verbinden können. Die mitunter leckersten, frischen Datteln gibt es im Orientladen. Damit das Kokosöl nicht dickt, sollten die Früchte frühzeitig aus dem Kühlschrank genommen werden.

 → 20 Min. Zubereitungszeit + 20 bis 60 Min. Kühlzeit

Maulbeeren *sind richtige Schätze, aber leider etwas teurer. Wer die Menge lieber reduzieren möchte, kann einen Teil gegen Datteln oder Ahornsirup austauschen. Die Grammangabe der Maulbeeren dient als Richtwert (Beispiel: von 70 g Maulbeeren 20 g durch eine entsprechende Menge Ahornsirup oder Datteln ersetzen). Und weil man nicht immer alle Zutaten zu Hause hat, nenne ich direkt einige Alternativen.*

Blütenpollen-Gebäckecken

Für 1 Backblech

140 g Maulbeeren (für besonders große Süßschnäbel etwas mehr oder zusätzlichen Ahornsirup; alternativ andere Trockenfrüchte)

2 EL mildes Kokosöl

90 g gemahlene Nusskerne (z.B. Haselnusskerne)

100 g zartschmelzende Haferflocken

40 g gepoppter Amarant (s. S. 11; alternativ gepoppter Vollkornreis, Kokosflocken oder mehr Haferflocken)

40 g Dinkelvollkorn- oder Buchweizenmehl + etwas mehr zum Bestäuben

30 g Blütenpollen

Meersalz

1 Die Maulbeeren in einer Schüssel mit Wasser bedecken und 15 Minuten einweichen (andere Trockenfrüchte eventuell etwas länger). Das Kokosöl vorsichtig schmelzen. Inzwischen die gemahlenen Nüsse mit Haferflocken, Amarant, Mehl und Blütenpollen in einer Schüssel mischen. Den Backofen auf 160°C Umluft (180°C Ober-/Unterhitze, Gas: Stufe 2) vorheizen.

2 Die Maulbeeren abgießen, dabei die Flüssigkeit auffangen. Die Beeren in einem hohen Rührbecher mit 5 EL Einweichflüssigkeit (wenn es süßer sein soll, weniger Flüssigkeit und mehr Ahornsirup) mit dem Stabmixer pürieren. Kokosöl und 1 Prise Meersalz unterrühren, alles zu den trockenen Zutaten geben und mit einer Gabel mischen.

3 Ein Backblech mit Backpapier auslegen, den Teig grob darauf verteilen und mit einem weiteren Bogen Backpapier oder Frischhaltefolie bedecken. Die Masse mit dem leicht bemehlten Rollholz oder einer Flasche gleichmäßig ½ bis 1 cm dick ausrollen, Papier oder Folie wieder abziehen.

4 Den Teig im Ofen auf der mittleren Schiene etwa 15 Minuten backen, bis er Farbe bekommt. Mit dem Backpapier vom Blech ziehen, auf dem Kuchengitter 5 Minuten abkühlen lassen. Das Gebäck mit einem scharfen Messer in Dreiecke schneiden.

Die restliche Einweichflüssigkeit der Maulbeeren pur trinken oder für den nächsten Smoothie aufheben.

Nach Belieben etwas dunkle Schokolade oder Schokodrops (mit ¼ TL Kokosöl, wenn die Ecken nicht sofort verzehrt werden) in einer Schüssel im heißen Wasserbad bei milder Hitze schmelzen und die Ecken damit „besprenkeln“.

40 Min. Zubereitungszeit

Nuss-Nougat-Creme-Torte

Vegan

Für 1 Torte (Springform 20 cm Ø)

Für den Teig:

1½ TL Chia-Samen
100 g Dinkelvollkornmehl
100 g Dinkelmehl
50 g Erdmandelmehl
40 g Kakaopulver
1½ TL Weinstein-Backpulver oder Backpulver
1 TL Natron
¼ TL Bourbon-Vanillepulver
1 Prise Meersalz
200 ml Dinkelmilch oder andere Getreidemilch
5–7 EL Ahornsirup (siehe Tipp)
1 EL Apfelessig
4 EL mildes Kokosöl

Für den Aufstrich:

250 g Haselnusskerne
4–6 EL Ahornsirup oder
4–8 frische Datteln (entsteint)
4 EL (Roh-)Kakaopulver
1 Prise Meersalz
1–2 EL mildes oder natives Kokosöl

1 Für den Teig die Chia-Samen in 2 EL Wasser 5 Minuten quellen lassen, zwischendurch umrühren, damit sie nicht klumpen. Den Backofen auf 180°C Umluft (200°C Ober-/Unterhitze, Gas: Stufe 3) vorheizen.

2 Währenddessen erst die trockenen Zutaten mischen und anschließend die flüssigen Zutaten samt flüssigem Kokosöl mit dem Handrührgerät oder in der Küchenmaschine unterrühren. Zuletzt die gequollenen Samen einrühren.

3 Den Teig in die mit Backpapier ausgelegte und an den Seiten eingeölte Springform füllen und 30 bis 35 Minuten backen. Der Kuchen ist fertig, wenn der Teig nicht mehr an einem Holzstäbchen haftet, wenn man es hineinsticht. Der Kuchen schmeckt sensationell mit Nuss-Nougat-Aufstrich als Glasur oder noch warm mit dem Mandel-Honig-Eis von S. 100.

4 Für den Aufstrich ist eine leistungsstarke Küchenmaschine notwendig. Wer keine hat, kann 250 g fertiges Nussmus wie angegeben aromatisieren. Für die Tortenglasur reicht etwa die Hälfte der Menge.

5 Für ein volles Haselnussaroma die Haselnüsse rösten und schälen. Dafür den Backofen auf 180°C Umluft (200°C Ober-/Unterhitze, Gas: Stufe 3) vorheizen und die Haselnüsse auf einem Blech verteilt etwa 12 Minuten bräunen. Nach dem Abkühlen die Haselnüsse in einem Tuch aneinanderreiben, so löst sich die Haut ganz leicht. Zu genau muss man dabei nicht sein.

6 Die Nusskerne in der Küchenmaschine auf höchster Stufe 5 bis 10 Minuten zu Mus mahlen. Die übrigen Zutaten samt flüssigem Kokosöl zufügen und nochmals mixen. Gekühlt und in einem Glas verschlossen hält sich der Aufstrich etwa 3 Wochen.

 → 1 Std. Zubereitungszeit

Diese Torte ist der beste Beweis, dass es auch vegan, fettarm und ohne raffinierten Zucker geht! Auch wenn Natron extra angeschafft werden muss, empfehle ich, nicht darauf zu verzichten. In der Wirkung mit Essig entsteht eine tolle Konsistenz!

Die Süße des Kuchenteigs ist der Glasur angepasst. Wer den Kuchen auch einmal ohne Glasur servieren möchte, dem empfehle ich, den Teig mit bis zu 10 EL Ahornsiup oder einer Mischung mit pürierten Datteln zu süßen. Reissirup statt Ahornsirup verbindet sich mit der Nuss-Nougat-Creme leider nicht, ebenso wenig eingeweichte Datteln.

Blaubeerkuchen mit Mandeln

Für 1 Kuchen (1 Kastenform, 25 cm)

100–150 g Blaubeeren (alternativ tiefgekühlte; angetaut und abgegossen)
100 g Dinkelvollkornmehl + etwas mehr für die Backform
100 g Buchweizenmehl
60 g gemahlene Mandeln
2 TL Weinstein-Backpulver oder Backpulver
½ TL Zimtpulver
1 Msp. Bourbon-Vanillepulver
1 EL Chia-Samen (optional, s. S. 15)
5 EL mildes oder natives Kokosöl + etwas mehr für die Backform
160 ml Dinkelmilch (oder andere Getreide- oder Nussmilch)
1 Ei (alternativ 1 Chia-Ei, siehe Tipp)
50–80 g frische weiche oder eingeweichte Datteln (entsteint)
3–5 EL Ahornsirup oder
5–7 EL Reissirup

1 Den Backofen auf 175 °C Umluft (195 °C Ober-/Unterhitze, Gas: Stufe 3) vorheizen. Die Blaubeeren verlesen, waschen und abtropfen lassen. Beide Mehlsorten, gemahlene Mandeln, Back-, Zimt- und Vanillepulver in einer Schüssel mischen. Nach Belieben Chia-Samen unterrühren.

2 Das Kokosöl vorsichtig schmelzen. In einer zweiten Schüssel 150 ml Dinkelmilch (180 ml, falls Chia-Samen in den Teig kommen), das flüssige Kokosöl und das Ei verquirlen. Die Datteln mit einer Gabel zerdrücken und unter die Flüssigkeit mischen oder in der Flüssigkeit mit dem Stabmixer pürieren. Alternativ zu den Datteln oder zusätzlich nach Belieben 3 bis 5 EL Ahornsirup hinzufügen.

3 Die trockenen Zutaten langsam zur flüssigen Mischung geben und mit dem Handrührgerät verrühren. Die Backform mit Kokosöl leicht einfetten und bemehlen. Zunächst eine dünne Schicht Teig hineingießen, mit Blaubeeren belegen und so schichtweise abwechselnd Blaubeeren und Teig in die Form füllen.

4 Den Kuchen im Ofen auf der mittleren Schiene etwa 45 Minuten backen, bis die Oberfläche leicht braun wird und der Teig nicht mehr an einem Holzstäbchen haftet, wenn man es hineinsticht.

5 Den Kuchen aus dem Ofen nehmen und in der Form ein wenig abkühlen lassen. Dann vorsichtig stürzen, ganz auskühlen lassen und genießen.

Chia-Samen *sind in diesem Kuchen optional. Ich empfehle, nicht mehr als angegeben hinzuzufügen, da sich sonst die Konsistenz des Kuchens verändert.*

Chia-Eier *macht man so: 1 EL Chia-Samen, in 3 EL Wasser 5 Minuten aufquellen lassen, dabei zwischenzeitlich umrühren, damit nichts verklumpt.*

Aprikosen-Tartelettes

Vegan

1 Das Kokosöl für den Boden und die Füllung vorsichtig schmelzen. Die Zutaten für den Boden in einer leistungsstarken Küchenmaschine auf höchster Stufe 2 bis 3 Minuten zerkleinern. Wenn sich der Teig zwischen den Fingern zusammenkleben lässt, ist er perfekt, ansonsten erneut mit ½ TL Kokosöl zerkleinern. (Für die Zubereitung ohne Küchenmaschine s. Tipp.)

2 Den Teig gleichmäßig in die Mulden der Tartelettes-Formen verteilen und daraus jeweils den Boden formen. Die Teigböden ins Tiefkühfach stellen.

3 Die Zutaten für die Füllung in der Küchenmaschine oder mit dem Stabmixer fein pürieren. Dafür sollten sie Zimmertemperatur haben, damit sich das Kokosöl gut mit den Zutaten verbindet. Je nach Süße oder Säure der Aprikosen mit mehr Reis- oder Ahornsirup und Limettensaft abschmecken.

4 Die Füllung gleichmäßig auf die Tartelettes-Böden gießen. Die Aprikosen-Tartelettes mit Folie bedecken und mindestens 1 Stunde im Tiefkühfach gefrieren lassen. (Die Tartelettes halten sich bis zu 4 Wochen im Tiefkühlfach).

5 Vor dem Servieren die Tartelettes etwa 20 Minuten antauen lassen, nach Belieben mit Limettenscheiben, frischen Johannisbeeren, gehackten Nüssen oder essbaren Blüten garnieren und noch halbgefroren servieren.

Für 10 Tartelettes (à 6 cm Ø)

Für die Böden:

1½ TL natives oder mildes Kokosöl
40 g Sonnenblumenkerne und
20 g geschälte Hanfsamen (alternativ 60 g Mandeln oder Nüsse)
75 g getrocknete weiche Aprikosen (ungeschwefelt)
1 kleine Prise Salz

Für die Füllung:

200 g reife Aprikosen (entsteint)
5 EL natives oder mildes Kokosöl
3 TL Reissirup oder 2 TL Ahornsirup (je nach Süße der Früchte mehr)
3 TL Limettensaft (frisch gepresst)
¼ TL Bourbon-Vanillepulver

Zum Garnieren:

Bio-Limettenscheiben
1 Handvoll Rote Johannisbeeren
gehackte Nüsse oder essbare Blüten (z.B. Kapuzinerkresse)

Außerdem:

Silikon-Tartelettes-Backformen

Wer keine leistungsstarke Küchenmaschine hat, kann statt der getrockneten Aprikosen frische Datteln verwenden, die sich mit der Gabel zerdrücken und so mit den übrigen Zutaten verbinden lassen. Sonnenblumenkerne dann per Hand hacken oder bereits geriebene Mandeln verwenden. Außerhalb der Aprikosensaison lässt sich Gleiches auch mit weichen, getrockneten Feigen im Boden und frischen Feigen in der Füllung herstellen. Auch nicht zu saftige Pfirsiche sind eine tolle Alternative!

Anstelle von kleinen Tartelettes lässt sich aus der doppelten Menge auch eine wunderbare halbgefrorene Torte (1 Springform à 20 cm Ø) zubereiten, die vor dem Verzehr etwa 30 Minuten antauen darf. Halbgefrorene Torten und Tartelettes liebe ich neben ihres Geschmacks und ihrer Nährstoffdichte auch deshalb so sehr, weil sie sich weit vor dem Verzehr entspannt zubereiten lassen und so immer eine Köstlichkeit im Tiefkühlfach wartet. Die kleine Größe der Torte soll nicht irritieren, die Torte ist weit sättigender als gewöhnlicher Kuchen!

50 bis 60 Min. Zubereitungszeit

Gugelhupf habe ich mein ganzes Leben lang aus einem Teig aus je 250 g weißem Weizenmehl, Butter und Zucker gebacken gegessen. Inzwischen mache ich eine Variante, in der keine dieser Zutaten enthalten ist. Stattdessen ist er vollwertig und fettarm und dabei unheimlich aromatisch und lecker! Zudem sättigt er.

Gugelhupf mit Mandeln und Rum

Für 4–6 Stücke

200 g Dinkelvollkorn- oder Buchweizenmehl oder eine Mischung mit hellem Dinkelmehl
100 g geriebene Mandeln
½ TL Weinstein-Backpulver oder Backpulver
¼ TL Bourbon-Vanillepulver
4 Eier
8 EL Ahornsirup
4 EL Rum
3 EL mildes Kokosöl oder
4 EL Schafs- oder Ziegenjoghurt
120 ml Dinkel- oder andere Pflanzenmilch
Meersalz
3 EL Rosinen
2–3 EL Birkenpuderzucker oder Reissüße zum Bestreuen (s. S. 12)

Außerdem:

Gugelhupf-Backform (möglichst aus Silikon)

1 Mehl, Mandeln, Backpulver und Vanillepulver vermischen. Die Eier trennen. Die Eigelbe mit Ahornsirup, Rum, Kokosöl oder Joghurt und Pflanzenmilch mit den Quirlen des Handrührgeräts verrühren. Die Eiweiße mit 1 Prise Meersalz zu einem cremigen Schnee schlagen. Den Backofen auf 180 °C Umluft (200 °C Ober-/Unterhitze, Gas: Stufe 3) vorheizen.

2 Die Mandel-Mehl-Mischung löffelweise unter die Eigelbmasse heben. Eischnee und Rosinen vorsichtig unter den Teig ziehen. Den Teig in die Gugelhupfform (22 cm Ø) gießen (falls die Form aus Metall ist, diese zuvor gut einfetten – da der Teig kaum Fett enthält, löst sich der Kuchen sonst schwer aus der Form).

3 Den Kuchen im Ofen auf der mittleren Schiene 40 bis 45 Minuten backen. Herausnehmen und vollständig abkühlen lassen.

4 Den Gugelhupf aus der Form lösen und mit Birkenpuderzucker oder Reissüße bestreuen.

Der Kuchenteig schmeckt auch fantastisch, wenn man daraus Muffins backt (Backzeit etwa 30 Minuten) und anstelle der Rosinen mit Schokodrops oder mit geraspelter Zartbitterschokolade, die mit Datteln oder Kokosblütenzucker gesüßt ist, verfeinert!

Wie beim Wiener Gugelhupf profitiert das Aroma dieses Kuchens vom Rum – er kann aber auch durch mehr Pflanzenmilch ersetzt werden.

Da der Kuchen wenig Fett enthält, schmeckt er am selben Tag am besten. Ich friere ihn außerdem gerne portionsweise für ein griffbereites Dessert oder einen sättigenden Snack für unterwegs ein.

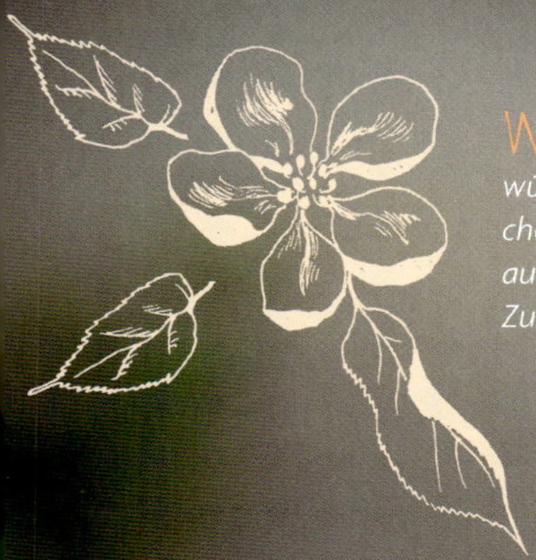

Wenn die Gäste schon auf dem Weg sind und man sich doch schnell einen Kuchen wünscht, ist dies mein To-go-Rezept. Der Kuchen ist in spätestens 15 Minuten im Ofen, die Küche wieder sauber, bis die Gäste kommen und noch während man sich begrüßt und den Tee aufsetzt, ist der Kuchen fertig gebacken und servierbereit. Zudem ist er bei all den gesunden Zutaten ein absoluter Geschmacksgarant!

Last-Minute-Apfelkuchen aus der Pfanne

Für 3 Portionen

Für den Teig:

40 g mildes oder natives Kokosöl (alternativ Butter oder Ghee) + etwas mehr für die Pfanne
150 g Dinkelvollkornmehl
25 g Erdmandelmehl (s. S. 8) oder gemahlene Mandeln
1 TL Weinstein-Backpulver oder Backpulver
½ TL Bourbon-Vanillepulver
¼ TL Zimtpulver + etwas mehr zum Bestreuen
Salz • 60 ml Ahornsirup
120 ml Pflanzenmilch (z.B. Dinkelmilch)
1 Ei

Für den Belag:

1 großer süß-säuerlicher Apfel
1–2 EL gemahlene Mandeln
1 TL Birken- oder Kokosblütenzucker (s. S. 12)

1 Den Backofen auf 180 °C Umluft (200 °C Ober-/Unterhitze, Gas: Stufe 3) vorheizen. Das Kokosöl in einer ofenfesten Pfanne oder einer Springform (20 cm Ø) während der Aufheizphase im Ofen vorsichtig schmelzen.

2 Beide Mehlsorten, Back-, Vanille- und Zimtpulver sowie 1 Prise Salz in einer Schüssel mischen. Ahornsirup, Pflanzenmilch und flüssiges Kokosöl mit einem Schneebesen unterrühren. Das Ei hinzufügen und den Teig verquirlen.

3 Für den Belag den Apfel waschen, vierteln, nach Belieben schälen, entkernen und in Spalten schneiden.

4 Den Teig in die Pfanne oder Springform gießen und mit den Apfelspalten belegen. Die gemahlenen Mandeln darauf verteilen, mit etwas Zimtpulver und dem Birken- oder Kokosblütenzucker bestreuen. Den Kuchen im Ofen auf der mittleren Schiene 20 bis 25 Minuten backen.

5 Den Kuchen noch in der Pfanne oder Form vorsichtig in Stücke schneiden und möglichst warm servieren.

Ganz hervorragend passt dazu das Mandel-Honig-Eis von S. 100.

 → 45 Min. Zubereitungszeit

Den Kuchen anstatt mit Äpfeln mit Pflaumen-, Aprikosen-, Birnen- oder Pfirsichspalten belegen.

Den Ahornsirup kann man auch durch Reis- oder Kokosblütensirup ersetzen.

Wer die Quarkmasse lieber so dick wie bei einem sonst üblichen Käsekuchen mag, verdoppelt die Menge. Bei Verwendung von Kuh- statt Schafsquark kann es sein, dass dieser flüssiger ist. Dann braucht man für die Quarkmasse 1 TL mehr Speisestärke.

Käsekuchen mit Mandel-Mürbeteig

Für 1 Kuchen (Springform 24 cm Ø)

Für den Teig:

100 g gemahlene Mandeln

100 g Getreideflocken (z.B. Dinkel oder Hafer)

50 g Buchweizen- oder Dinkelvollkornmehl + etwas mehr für die Arbeitsfläche

4 EL Ahornsirup

60 g natives oder mildes Kokosöl (alternativ Butter oder zur Hälfte Nussmus)

Salz

Für die Füllung:

250 g Schafsquark

1 Ei • Salz • 4 EL Ahornsirup

1 TL Speisestärke (aus Tapioka, Kartoffeln oder Mais)

1 Msp. Bourbon-Vanillepulver

7–8 Zwetschgen (alternativ Aprikosen, Pfirsiche oder anderes Obst)

1 Den Backofen auf 160 °C Umluft (180 °C Ober-/Unterhitze, Gas: Stufe 2) vorheizen. Den Boden der Springform mit Backpapier belegen und mitsamt dem Backpapier in den Rahmen einspannen. Für den Teig Mandeln, Flocken, Mehl, Ahornsirup, Kokosöl und 1 Prise Salz auf der bemehlten Arbeitsfläche mit der Gabel locker mischen, dann mit den Händen verkneten. Sollte der Teig zu trocken sein, 1 EL Wasser unterkneten.

2 Den Teig auf dem Boden der Backform gleichmäßig festdrücken, dabei einen 1 cm hohen Rand formen. Den Boden mit Backpapier bedecken und 20 Minuten blindbacken.

3 Für die Füllung den Quark in einem feinen Sieb gut abtropfen lassen. Das Ei trennen. Das Eiweiß mit 1 Prise Salz zu steifem Schnee schlagen. Das Eigelb mit Quark, Ahornsirup, Speisestärke und Vanillepulver verrühren.

4 Das Eiweiß vorsichtig unter die Quarkcreme heben. Die Zwetschgen waschen, halbieren und entsteinen Den Boden nach Belieben mit 5 EL ungesüßtem Zwetschgenkompott bestreichen. Die Creme gleichmäßig auf dem vorgebackenen Boden verteilen, die Zwetschgen mit der Schnittfläche nach oben auf die Creme legen und den Kuchen im Ofen für weitere 40 Minuten backen.

 → 1 ¼ Std. Zubereitungszeit

Diese Torte ist ein altes Familienrezept, das ich mit gesünderen Zutaten abgewandelt habe. Die Aromen sind unheimlich stimmig und die Banane schmeckt man nicht heraus. Das Rezept kommt fernab der Glasur ganz ohne Fett aus. Gut schmeckt auch ein Schuss Rum im Teig.

Kakaobutter bekommt man im Bio-Markt in Riegel- oder Würfelform. Sie enthält Antioxidantien und ist sehr lange haltbar.

Gut-für-Dich-Möhrentorte mit Schoko

Für 1 Torte (Springform 20 cm Ø)

Für den Teig:

3 Eier • 2–3 Möhren (180 g)
1 sehr reife Banane
6 EL Ahornsirup
125 g gemahlene Mandeln oder Erdmandelmehl
45 g Dinkelvollkornmehl + etwas mehr für die Backform
1 Msp. Weinstein-Backpulver oder Backpulver
½ TL Zimtpulver • Salz
150 g ungezuckerte Aprikosenkonfitüre (mind. 70 % Fruchtanteil) oder Apfelmus

Für die Glasur:

40 g Kakaobutter
2 EL Ahornsirup
2 gehäufte TL Kakaopulver

Außerdem:

1 TL mildes Kokosöl für die Backform

1 Für den Teig die Eier trennen. Die Möhren putzen, waschen und fein reiben. Die Banane schälen und mit einer Gabel zu Brei zerdrücken. Möhrenraspel und Banane mit den Eigelben in eine Schüssel geben, Ahornsirup hinzufügen und alles mit den Quirlen des Handrührgeräts verrühren. Den Backofen auf 180 °C Umluft (200 °C Ober-/Unterhitze, Gas: Stufe 3) vorheizen.

2 Die Mandeln, das Mehl, Back- und Zimtpulver zur Möhrenmasse geben und alles gut verrühren. Die Eiweiße mit 1 Prise Salz zu steifem Schnee schlagen und mit einem Kochlöffel vorsichtig unter den Teig heben.

3 Die Form mit Kokosöl leicht einfetten und bemehlen. Den Teig in die Form füllen und im Ofen auf der mittleren Schiene etwa 35 Minuten backen. Er ist fertig, sobald kein Teig mehr an einem Holzstäbchen haftet, wenn man es hineinsticht.

4 Den Kuchen herausnehmen, vollständig auskühlen lassen und aus der Form lösen. Den Kuchen waagerecht in der Mitte durchschneiden, die untere Hälfte mit Aprikosenkonfitüre oder Apfelmus etwa 3 mm dick bestreichen und die obere Hälfte wieder darauflegen.

5 Für die Glasur die Kakaobutter im heißen Wasserbad vorsichtig erhitzen. Mit einem Schneebesen Ahornsirup und Kakaopulver unterrühren. Die flüssige Schokolade über der Möhrentorte verteilen und voilà, mmh, mmh, mmh!

1 Std. Zubereitungszeit + ca. 1 Std. Abkühlzeit

Die Torte macht sich toll zu einem Geburtstagsfest, aber auch in kleinerer Form ist sie ein echter Hingucker! Wenn nur vier Personen am Kaffeetisch sitzen, einfach die Mengen von Teig und Füllung im Rezept halbieren und die Torte nur mit drei Schichten zubereiten.

Statt Kokosblütenzucker kann man auch Dattelzucker oder Reissüße verwenden.

Biskuit-Stockwerktorte

Für 8 Portionen

Für den Teig:

6 Eier

Salz

6 EL Kokosblüten- oder Dattelzucker

4 EL Dinkel-, Dinkelvollkorn- oder Buchweizenmehl

2 EL Teffmehl (oder mehr Mehl von den oberen Sorten)

2 EL Mohn

Für die Füllung:

600 g griechischer Schafsjoghurt

1 TL Bourbon-Vanillepulver

3 EL Ahornsirup

500 g Erdbeeren

Außerdem:

2–3 EL Birkenpuderzucker oder kristalline Reissüße (s. S. 12)

einige Erdbeeren, Blaubeeren und Himbeeren zum Garnieren

1 Für den Teig die Eier trennen und die Eiweiße mit Zucker und 1 Prise Salz zu einem cremigen Schnee schlagen. Abwechselnd die Eigelbe, beide Mehlsorten und den Mohn vorsichtig unterheben.

2 Den Backofen auf 180 °C Umluft (200 °C Ober-/Unterhitze, Gas: Stufe 3) vorheizen. Zwei Backbleche mit Backpapier auslegen. Den Rand einer Springform auf einem Blech platzieren, mit einem Viertel der Teigmenge ausfüllen und die Form vorsichtig wieder entfernen. Auf dieselbe Weise 3 weitere Kuchenschichten formen – auf jedem Blech sollten 2 Teigkreise liegen. Bei Verwendung von Umluft beide Bleche gleichzeitig in den Ofen schieben und die Tortenböden 10 Minuten goldbraun backen. Falls mit Ober-/Unterhitze gebacken wird, beide Bleche nacheinander auf der mittleren Schiene in den Ofen geben.

3 Für die Füllung Joghurt, Vanillepulver, Ahornsirup und nach Belieben 2 EL Mohn (für Kleinkinder lieber ohne) verrühren. Die Erdbeeren waschen, putzen und je nach Größe halbieren oder in Scheiben schneiden.

4 Einen Tortenboden auf eine Tortenplatte legen, mit je einem Drittel der Erdbeeren und des Joghurts belegen. Den zweiten Tortenboden auflegen, mit einem weiteren Drittel Erdbeeren und Joghurt belegen. Wieder einen Boden auflegen und die restlichen Erdbeeren und den übrigen Joghurt darauf verteilen. Mit dem letzten Tortenboden abschließen.

5 Die Biskuit-Stockwerktorte mit Birkenpuderzucker oder Reissüße bestäuben. Die Erdbeeren, Blaubeeren und Himbeeren zum Garnieren waschen, trocken tupfen und auf die Torte setzen.

 → 45 Min. Zubereitungszeit + 1 Std. Kühlzeit

Derselbe Boden *(die halbe Menge) auf einem Backblech gebacken, noch warm mit Chia-Konfitüre bestrichen und eingerollt, ergibt eine sehr beliebte und schnelle Roulade. In Scheiben geschnitten und jeweils wie Lollis auf hübsche Papierstrohhalme gesteckt, ist sie auch für Kindergeburtstage in Kindergarten und Schule perfekt! Aber nicht glauben, die Roulade wäre nur etwas für Kinder ...*

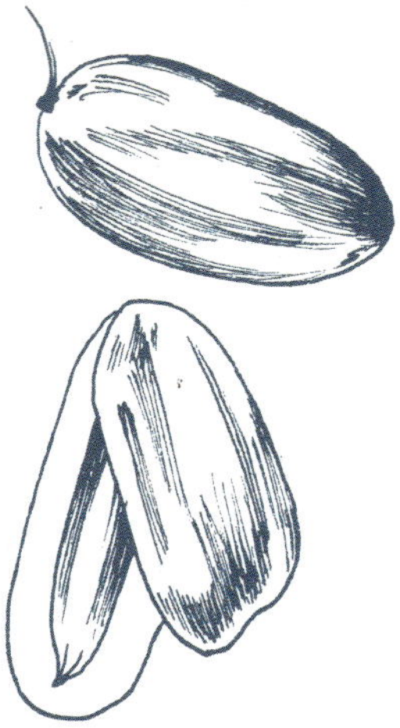

An diesem Rezept habe ich ein ganzes Jahr gefeilt. Wir lieben Waffeln sehr und es gibt sie bei uns oft. So habe ich das Rezept aus meiner Kindheit mit Butter, Zucker und Weizenmehl nach und nach mit gesünderen und fettärmeren Zutaten variiert, bis mein Mann schließlich eingriff: „Stopp! Nicht weiter verändern, genau so ist es perfekt!"

Für Kleinkinder wie Claire verwende ich die kleinste angegebene Menge Datteln. Ich backe erst einige Waffel für sie aus und gebe in den restlichen Teig weiteren Kokosblütenzucker für meinen Mann, der es süßer mag. Ich mag die goldene Mitte oder ein leicht süßes Topping, wie meine Chia-Marmelade (s. S. 34), Apfelmus oder selbst gemachtes Eis (z. B. das Mandel-Honig-Eis von S. 100). Meistens essen wir sie aber pur. Das Aroma der Waffeln ist einfach zu gut!

Waffeln mit heißen Kirschen

Für 4 Portionen

Für die Waffeln:

100 g Dinkelvollkornmehl
70 g Dinkel- oder Buchweizenmehl
50 g Teffmehl (s. S. 11) oder mehr Dinkel- bzw. Buchweizenmehl
1½ TL Weinstein-Backpulver oder Backpulver
½ TL Zimtpulver • Meersalz
4 EL mildes Kokosöl + etwas mehr für das Waffeleisen
80–100 g frische weiche oder eingeweichte Datteln (entsteint; alternativ Kokosblüten- oder Dattelzucker)
30 g Schafs- oder Ziegenjoghurt
1 EL Mandel- oder Erdmandelmus
300 ml Dinkelmilch oder andere Pflanzenmilch • 3 Eier

Für die Kirschen:

1 Glas Sauerkirschen (360 g; ohne Zusatz von Fruktose)
1 EL Speisestärke (aus Tapioka, Kartoffeln oder Mais)
1 Msp. Bourbon-Vanillepulver oder Zimtpulver

1 Alle Mehlsorten, Back- und Zimtpulver sowie 1 Prise Meersalz in einer Schüssel vermischen. Das Kokosöl vorsichtig schmelzen.

2 Die Datteln mit dem flüssigen Kokosöl, dem Joghurt, dem Mandelmus und der Pflanzenmilch pürieren. Die Mischung mit den Eiern zu den trockenen Zutaten geben und mit den Quirlen des Handrührgeräts zu einem homogenen Teig verquirlen.

3 Das Waffeleisen auf mittlere Hitze vorheizen und mit Kokosöl leicht einfetten. Eine Kelle Teig hineingeben und zu einer leicht gebräunten Waffeln ausbacken. Herausnehmen und auf einem Kuchengitter abkühlen lassen. Auf diese Weise den gesamten Teig verbrauchen.

4 Für die Kirschen den gesamten Inhalt des Glases in einen Topf geben, 4 EL Flüssigkeit abnehmen und in einer kleinen Schüssel beiseitestellen. Die Kirschen samt Saft im Topf aufkochen. Die Speisestärke mit dem Kirschsaft glatt rühren und unter die kochenden Kirschen mischen. Die Kirschen wahlweise mit Vanille- oder Zimtpulver abschmecken und noch heiß zu den Waffeln servieren.

Variante: heiße Orangen-Kirschen

1 Von insgesamt 200 ml frisch gepresstem Orangensaft 4 EL in eine kleine Schüssel abnehmen. Den restlichen Saft in einem Topf aufkochen. 300 g frische oder tiefgekühlte Kirschen (entsteint) dazugeben, mit 1 Msp. Bourbon-Vanille- oder Zimtpulver würzen und alles 5 bis 10 Minuten köcheln lassen.

2 Sobald die Kirschen weich sind, 1 EL Speisestärke mit dem beiseitegestellten Orangensaft glatt rühren und unter die köchelnden Kirschen mischen. Kurz rühren, bis die Flüssigkeit eingedickt ist. Die Kirschen noch heiß servieren.

 → 1 Std. Zubereitungszeit

Satt Datteln schmecken auch getrocknete eingeweichte Aprikosen und 2 EL Mohn im Teig sensationell. Unbedingt beide Varianten ausprobieren!

Vegan wird das Rezept mit mehr Kokosöl und Mandelmus anstelle von Joghurt sowie mit 3 Leinsameneiern (s S. 36). Die Konsistenz wird dadurch weniger knusprig, aber der Geschmack bleibt erhalten!

Dazu passt das Mandel-Honig-Eis (s. S. 100) oder ein Klecks griechischer Schafsjoghurt, angerührt mit Bourbon-Vanillepulver und Ahornsirup. Die Kirschen oder Pflaumen kann man auch durch eine tiefgekühlte Beerenmischung ersetzen. Wer keinen Kokosblütenzucker zu Hause hat, kann die Brösel auch mit Birken- oder Dattelzucker, Ahorn- oder Reissirup süßen.

Apfel-Kirsch-Crumble mit Mandeln

Vegan

Für 4 Portionen

3 süß-säuerliche Äpfel
200 g Kirschen (oder Pflaumen)
1 EL Zitronensaft (frisch gepresst)
¼ TL Zimtpulver
1–2 EL Kokosblütenzucker (s. S. 12)
4 EL Haferflocken
4 EL gemahlene Mandeln
2 EL Mandelblättchen
Meersalz
2 EL mildes Kokosöl (alternativ Butter)

1 Den Backofen auf 180 °C Umluft (200 °C Ober-/Unterhitze, Gas: Stufe 3) vorheizen. Die Äpfel waschen, vierteln, entkernen und grob reiben. Die Kirschen waschen und entsteinen. Kirschen und Äpfel in einer Auflaufform mit dem Zitronensaft beträufeln und mit 1 Msp. Zimt bestäuben. Alles gut vermischen. Die Früchte leicht auf den Boden der Form pressen (sie sollten teilweise aufplatzen, damit beim Backen Flüssigkeit austritt).

2 Kokosblütenzucker, Haferflocken, gemahlene Mandeln, Mandelblättchen, 2 Msp. Zimt und 1 Prise Meersalz in einer Schüssel mit einem Löffel vermischen. Das Kokosöl vorsichtig schmelzen und unter die trockenen Zutaten rühren.

3 Den Crumble auf dem Obst verteilen und alles im Ofen auf der mittleren Schiene etwa 20 Minuten backen. Bei Bedarf die Brösel 5 Minuten vor Ende der Backzeit an der Oberfläche vorsichtig umrühren, damit sie nicht zu braun werden, bis das Obst genügend Flüssigkeit abgegeben hat.

4 Beim Servieren darf der Crumble gerne noch warm sein!

 → 15 Min. Zubereitungszeit + 20 Min. Backzeit

Quinoa-Mandel-Milchreis

Vegan

1 Für den Milchreis die Vanilleschote der Länge nach aufschneiden und das Mark herauskratzen. Die Mandelmilch mit 200 ml Wasser, Vanilleschote und -mark oder Vanillepulver, dem Süßreis und der Quinoa oder Hirse in einem beschichteten Topf unter Rühren aufkochen lassen, den Ahornsirup und 1 Prise Meersalz hinzufügen. Die Hitze reduzieren und alles mit geschlossenem Deckel 20 Minuten leicht köcheln lassen, dabei hin und wieder umrühren.

2 Für Zimt und „Zucker" den Birkenzucker mit dem Zimtpulver mischen. Den Milchreis vom Herd nehmen und mindestens weitere 15 Minuten – gerne auch länger – quellen lassen. Anschließend die Vanilleschote wieder entfernen.

3 Den Milchreis noch warm mit Zimt und „Zucker" bestreut servieren. Dazu passen die heißen Kirschen von S. 124.

Da Quinoa für Kinder unter drei Jahren nicht empfohlen wird, kann sie hier wunderbar gegen Hirse ausgetauscht werden. Statt Mandelmilch ist Hafermilch eine schmackhafte Alternative.

Für 4 Portionen

Für den Milchreis:

½ Vanilleschote oder

½ TL Bourbon-Vanillepulver

300 ml Mandelmilch

50 g Süßreis (s. Tipp unten)

50 g weiße Quinoa oder Hirse

1–2 EL Ahornsirup • Meersalz

Für Zimt und „Zucker":

2 TL Birkenzucker

¼ TL Zimtpulver

Süßreis wird im Handel auch Mochi-Reis genannt und ist von seinen Kocheigenschaften mit Milchreis vergleichbar. Der ursprünglich aus Japan stammende Reis wird dort poliert, hier bekommen wir ihn aber glücklicherweise in der Vollkornvariante. Zusammen mit Quinoa ist so eine doppelte Ladung Proteine gesichert. Süßreis lässt sich auch für salzige Gerichte zubereiten; wegen seiner Klebeeigenschaft schmeckt er mir am besten in Kombination mit anderen Getreidesorten.

25 Min. Zubereitungszeit + 15 Min. Ruhezeit

„Reueloser" Kaiserschmarren

Für 4 Portionen
300 g Dinkelmehl
Meersalz
¼ TL Weinstein-Backpulver oder ½ TL Backpulver
380 ml Dinkelmilch oder eine andere Getreidemilch
ca. 4 EL Ahornsirup (nach Belieben etwas mehr)
1–2 EL mildes Kokosöl (alternativ Butter)
2 Eier
ca. 4 EL Rosinen
Birkenpuderzucker zum Bestäuben

1 Das Dinkelmehl mit 1 Prise Meersalz und dem Backpulver in einer Schüssel mischen. Die Milch und den Ahornsirup hinzufügen und alles mit dem Schneebesen verquirlen, bis ein klumpenfreier Teig entstanden ist.

2 Das Kokosöl in einer beschichteten Pfanne bei schwacher Hitze zerlassen. Das flüssige Fett unter den Teig rühren und anschließend die Eier unterrühren.

3 Den Teig in die zuvor verwendete Pfanne gießen und die Rosinen hineinstreuen. Die Pfanne zurück auf den Herd stellen und den Teig bei mittlerer Hitze backen.

4 Sobald der Teigboden Farbe annimmt, das Ganze mit dem Pfannenwender umdrehen. Den angebackenen Teig mit zwei Pfannenwendern „zerreißen" und fertig backen, dabei darauf achten, dass alle rohen Teigflächen Hitze und Farbe abbekommen.

5 Den Kaiserschmarren probieren und ggf. nachsüßen. Dafür den Kaiserschmarren noch in der Pfanne, aber nicht mehr auf dem Herd mit ein paar Tropfen Ahornsirup beträufeln und verrühren. Mit Birkenzucker bestäuben und nach Belieben mit etwas ungesüßtem Zwetschgenkompott anrichten.

Noch heiß servieren und genießen! Mmh ...

→ 15 bis 20 Min. Zubereitungszeit

Kaiserschmarren *war immer schon mein Lieblingsdessert und ist heute auch das meiner Tochter. Wenn es nach uns geht – wir könnten Kaiserschmarren zu jeder Tageszeit essen! Es ist gleichzeitig das erste Rezept, mit dem ich mich an gesundes Backen herangewagt habe. Zum Glück!*

Vegan *wird der Schmarren mit 1 Chia-Ei* *(s. S. 114)* *und 400 ml Getreidemilch.*

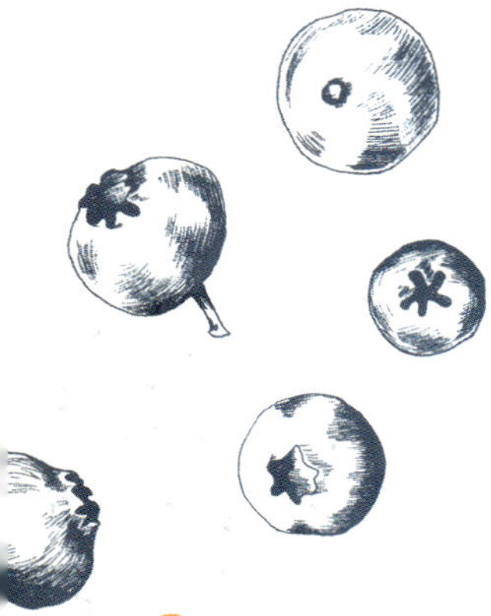

Noch eins meiner Lieblingsgerichte *zum Schluss ... Dieser Auflauf ist eine Variante eines meiner heiß geliebten Kindheitsgerichts aus der Küche meiner Mutter. Sie verwendete Reis, Kirschen, Zucker und Milch. Meine gesunde Variante hier ist mittlerweile ein Dauerbrenner bei uns und unbestechlich gut! Dabei muss es nicht immer bei Blaubeeren bleiben, auch Kirschen oder geraspelte Apfelstücke mit Rosinen machen sich im Auflauf himmlisch! Wer auf die Walnusskerne und das Dinkelpaniermehl verzichten möchte, kann stattdessen 50 g ganze Buchweizenkörner in einer Pfanne ohne Fett anrösten und wie die Walnüsse mitbacken.*

Blaubeer-Hirse-Auflauf mit karamellisierten Walnüssen

Vegan

Für 4 Portionen

200 g Hirse

420 ml Mandel- oder Hafermilch

Meersalz

½ TL Bourbon-Vanillepulver

1 gestr. TL Zimtpulver

1 Msp. Kardamompulver

3 ½ EL Ahornsirup

1½ TL mildes Kokosöl

50 g gehackte Walnüsse

100 g frische oder tiefgekühlte Blaubeeren

1 Die Hirse, nach Möglichkeit, in einer Schüssel mit der doppelten Menge Wasser bedecken und 1 bis 2 Stunden einweichen. Dann die Hirse in ein Sieb abgießen, abspülen und abtropfen lassen.

2 Die Hirse mit 220 ml Pflanzenmilch, 220 ml Wasser, 1 Prise Meersalz, Vanille-, Zimt- und Kardamompulver sowie 3 EL Ahornsirup in einem beschichteten Topf aufkochen lassen. Die Hitze reduzieren und alles mit geschlossenem Deckel 5 Minuten leise köcheln lassen. Den Topf vom Herd nehmen und die Hirse zugedeckt weitere 10 Minuten quellen lassen.

3 Den Backofen auf 180 °C Umluft (200 °C Ober-/Unterhitze, Gas: Stufe 3) vorheizen. Eine Auflaufform (22 x 15 cm) mit etwas Kokosöl einfetten. Das restliche Kokosöl vorsichtig schmelzen. Das flüssige Öl mit den gehackten Walnüssen und dem übrigen Ahornsirup mischen.

4 Die frischen Blaubeeren verlesen, waschen und abtropfen lassen, tiefgekühlte Beeren antauen lassen. Die gequollene Hirse mit der restlichen Mandelmilch mischen und die Blaubeeren unterrühren. Die Masse in die gefettete Auflaufform füllen und glatt streichen. Die Oberfläche nach Belieben mit 1 EL Dinkelpaniermehl bestreuen. Abschließend die Walnussmischung obenauf verteilen und den Auflauf im Ofen auf der untersten Schiene 20 Minuten backen.

5 Der Blaubeer-Hirse-Auflauf schmeckt warm wie kalt und auch noch am nächsten Tag ganz wunderbar!

 → 45 Min. Zubereitungszeit + 1 bis 2 Std. Einweichzeit

Habe ich schon gesagt, dass ich Desserts auch zum Frühstück, Abendessen und eigentlich zu jeder Zeit dazwischen mag? Was für ein Lotta-Leben!

Register

Vegane Rezepte auf einen Blick

Ich danke …

… **meinen Schwestern**, die mir lange Abende zum Buch zugesprochen haben. Ich werde nie vergessen, wie meine älteste Schwester nachts im Hotel aufsprang, um einen möglichen Titel zu nennen. Meine Geschwister hinter mir zu wissen, bedeutet mir immens viel. Meiner Schwester Barbara (das-machichnachts.de) verdanke ich den Grundstock meiner Leser auf dem Blog, mit denen alles begann. Motivation geht mir nicht aus, aber wenn, bräuchte ich nur ein Telefonat mit ihr!

Achim (cutecottageoverload.de), **Katharina**, **Lisa** und **Julia** (liz&jewels.de), **Inga** und **Barbara** danke ich für offenen Rat.

Ich danke meinen Probeköchinnen **Alies**, **Clara**, **Antje**, **Anna**, **Barbara**, **Andrea**, **Svenja**, Laila, **meinen drei Schwestern** und **meinen Eltern**. Auf dem Blog sind es die Leser, die mich wissen lassen, wenn ich ungenau bin oder es Fragen gibt, in diesem Buch waren sie es. Vielen Dank für die Genauigkeit, Anregungen und Begeisterung!

Ich danke **Karin** (lisbeths.de), die mir mit viel Herz, Glauben an mein Potenzial, Requisiten und vielem mehr beigestanden ist – ohnehin seit Anfang des Blogs. Nichts davon ist selbstverständlich. **Antje** für die Leihgabe ihrer wunderschönen Keramik, um die sie mit Claire hier im Haus sicher auch gezittert hat, und **Michael** für das Öffnen seiner Tore.

Ich danke **Anni** (1aKitchen.de) für ihr Fingerspitzengefühl in Sachen Styling und Fotografie. Sie war es, die mir zugesprochen hat, mir das Pensum der fotografischen Arbeit trotz Kleinkind zuzutrauen. Ohne sie wäre ich heute nur halb so stolz auf dieses Projekt. Danke für so viel Begeisterung, Etappen-Feiern und Mitfreude! **Clara** kennt bald jedes Rezept auswendig, hat mir bei vielen Fotografien zugekocht. Wir ergänzen uns gegenseitig mit Ideen!

Am engsten zusammen gearbeitet habe ich mit der Redakteurin **Alexandra**, die meine Wünsche mit denen des Verlags vereint hat – und sie hat es wunderbar und so herzlich geschafft! Über die letzten sieben Monate hatten wir viel Kontakt, zwischendurch habe ich es ihr nicht leicht gemacht mit meiner perfektionistischen Beharrlichkeit, die ich selbst erst in diesem Projekt entdeckt habe. Damit meine ich nicht nur meinen lauten Denkakt von ¼ oder ⅓ TL Salz im Lauchstrudelrezept – wir haben gut gelacht! Danke für so viel sympathische Professionalität! Der Lektorin **Ulrike** danke ich für ihre Arbeit und herzlichen Telefonate. Sie hat mir das Gefühl gegeben, dass dieses Buch auch für sie eine besonders schöne Arbeit war. Danke der Ökotrophologin **Kathrin** für das niet- und nagelsichere Überprüfen meiner Recherchen und meines Wissensstandes. Der Grafikerin **Irene S.** möchte ich für die schönen Illustrationen danken, die sie im Stil meinem Blog-Logo angelehnt hat. Ihr reich bestücktes

Skizzenbuch ging weit über einen Nine-to-five-Job hinaus. Danke **Jan** für den Spaß, den wir bei der Besprechung der Fotobearbeitungen hatten. Er sieht täglich Fotografien von Profis, sein Zuspruch ging nicht an mir vorüber, ohne mich ein paar Zentimeter größer werden zu lassen. **Irene N.** danke ich für die wunderbare Art, meine Tochter mit uns in Bildern einzufangen, **Jürgen** und dem gesamten ZS-Verlag für die Offenheit und das Vertrauen, dass ich außer der Autorenarbeit auch die Fotos schaukeln werde.

Meiner Mutter will ich für ihre tatkräftige Rückendeckung danken. Ein Kochbuch ist eine Menge Arbeit. Dank ihrer Hilfe konnte ich mich streckenweise wie ein Einsiedler zurückziehen und Claire war gut aufgehoben.

Ich danke **meinem Mann** für seine Offenheit, Neues und von Zeit zu Zeit auch „zu" Gesundes zu probieren, für seine charmanten Kritiken, für die Begeisterung, mit der er Hirse-Porridge mit Hanfsamen zum Fußballmatch trägt und sich und Claire im Winter Anti-Erkältungs-Smoothies macht, wenn ich nicht da bin. Für all die Ausdauer, den Glauben an mich, seine Unterstützung. Er und unsere Claire sind meine große Liebe. Sie könnte nicht größer sein!

Und ich danke allen Lesern. Mit und durch euch darf ich an mir wachsen, dürfen meine gesunde Küche und der Blog wachsen, die durch das Buch wieder einen weiteren Anstoß bekommen. Danke an jeden, der sich über dieses Werk freut, sich anstecken lässt, daraus nachkocht und es nach außen trägt. Ich liebe eure Berichte über Besuche im Bioladen, in die ihr mich gedanklich mitnehmt, dass meine Möhrentorte den Geburtstagstisch eurer Kleinen schmückt, skeptische Ehemänner von Quinoa überzeugt werden und sich Großeltern meinen Blaubeerkuchen zum Geburtstag wünschen! Ich liebe es, dass auch die Tiroler und Wiener unter euch meinen Kaiserschmarren so oft backen, wie ihn sich Claire von mir wünscht, und mein Griechischer Salat mit Grünkern genauso zu euren Standards gehört wie zu meinen. Danke für jede Nachricht auf dem Blog, per Mail oder gedanklich. Dass sich so viele durch meine Rezepte bereichert fühlen, ist ein unbeschreibliches Gefühl. Der Austausch mit euch, eure Unterstützung und Mitfreude macht dieses Projekt zu dem, was es mir bedeutet. **Ihr seid eine riesige Motivation, danke dafür!**